Die Auer Unterrichts-materialien für Mathematik

1

Band 2

Herausgegeben von Bernd Ganser

Erarbeitet von Birgit Gailer

Illustriert von Corina Beurenmeister

Unter die Lupe genommen von

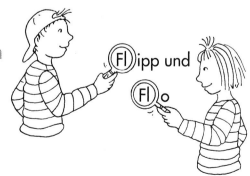

Auer Verlag GmbH

Hinweise zum Umgang mit dem Buch

Alle relevanten Lerninhalte

In der Reihe **Die Auer Unterrichtsmaterialien für Mathematik** finden Sie alle relevanten Lerninhalte für den direkten Einsatz im Unterricht aufbereitet. Der vorliegende Band 2 für die 1. Jahrgangsstufe deckt die Themen für das 2. Schulhalbjahr ab, Band 1 die Themen für das 1. Schulhalbjahr.

Einführungsstunden für jedes Thema und Kopiervorlagen

Auf den ganzseitigen Lehrer-Infos sind für jedes Thema Einführungsstunden beschrieben. Mit den speziell darauf abgestimmten Kopiervorlagen können Sie problemlos eine ganze Unterrichtseinheit gestalten.
Tipp: Mit den Inhalten der Erarbeitungsphase können Sie durch Gruppenarbeit aktiv-entdeckende Lernprozesse fördern.

Die Lehrer-Infos: Alles auf einen Blick

Die Lehrer-Infos zeigen Ihnen auf einen Blick ...

Die Kopiervorlagen: Alles für Einführung, Übung und Differenzierung

Mit den Kopiervorlagen erhalten Sie eine sorgfältig abgestimmte Auswahl an Einführungsmaterialien, Übungsaufgaben mit unterschiedlichem Schwierigkeitsgrad und Möglichkeit zur Selbstkontrolle.
Die Schwierigkeitsgrade sind wie folgt gekennzeichnet:

- **KV** Kopiervorlage mit geringerem Schwierigkeitsgrad
- **KV** Kopiervorlage mit mittlerem Schwierigkeitsgrad
- **KV** Kopiervorlage mit höherem Schwierigkeitsgrad

Der Unterricht: Abwechslungsreich und lebensnah

Wechselnde Methoden und Sozialformen garantieren Ihnen einen abwechslungsreichen Unterricht. Alle Themen werden anhand anschaulich dargestellter Situationen aus der Lebenswelt der Kinder aufgearbeitet. Das liefert nicht nur zahlreiche Sprechanlässe, sondern fordert zum Entdecken mathematischer Zusammenhänge auf, motiviert individuelle Lösungsansätze und ermöglicht ein aktives, selbstbestimmtes Lernen.

Die Auer Unterrichtsmaterialien für Mathematik: Zeitgemäß und unabhängig vom eingeführten Schulbuch

Die Auer Unterrichtsmaterialien für Mathematik unterstützen Sie bei der Vorbereitung und Durchführung eines zeitgemäßen Unterrichts und sind unabhängig vom eingeführten Schulbuch einsetzbar.

Wir wünschen Ihnen und Ihren Schülerinnen und Schülern viel Spaß mit den Auer Unterrichtsmaterialien für Mathematik!

Abkürzungen:
KV Kopiervorlage
UG Unterrichtsgespräch

Inhalt

1. Geometrie: Flächenformen

Formen umgeben uns:
Lehrer-Info 4
Kopiervorlagen 5

Formen erkennen:
Kopiervorlagen 9

Formen falten, schneiden, zu Figuren legen:
Kopiervorlagen 12

Formen – Muster – Ornamente:
Kopiervorlagen 15

Formen, Muster und Figuren (Stationentraining):
Lehrer-Info 18
Kopiervorlagen 19

2. Zahlen bis 20: Schwerpunkt zweiter Zehner

Anzahlen bestimmen:
Lehrer-Info 26
Kopiervorlagen 26

Zehner und Einer: Wir bündeln:
Lehrer-Info 29
Kopiervorlagen 30

Die Zahlen von 10 bis 20 (Stationentraining):
Lehrer-Info 34
Kopiervorlagen 36

Die Zahlenreihe bis 20:
Kopiervorlage 44

Nachbarzahlen bis 20:
Kopiervorlage 45

Zahlen vergleichen:
Kopiervorlage 46

Zahlenzerlegung bis 20:
Lehrer-Info 47
Kopiervorlagen 48

3. Rechnen bis 20: Schwerpunkt zweiter Zehner

Verwandte Aufgaben:
Lehrer-Info 51
Kopiervorlage 52

Wir rechnen geschickt:
Kopiervorlage 53

Verdoppeln und halbieren:
Kopiervorlage 54

Helfende Nachbarn:
Kopiervorlage 55

Der Zehnerübergang mit Plus und Minus:
Lehrer-Info 56
Kopiervorlagen 57

Ergänzen und vermindern:
Kopiervorlagen 63

Gleichungen:
Kopiervorlage 68

4. Sachbezogene Mathematik

Wir ordnen Rechengeschichten:
Kopiervorlagen 69

Wir malen/schreiben Rechengeschichten:
Kopiervorlagen 72

Flipp und Flo im Tiererlebnispark:
Kopiervorlagen 74

Wir wechseln Geld:
Kopiervorlagen 77

Beim Elbseewirt:
Lehrer-Info 80
Kopiervorlage 81

Was dauert in etwa …?:
Kopiervorlagen 82

Die Uhrzeiten:
Kopiervorlagen 84

Eine Woche mit Flipp und Flo:
Kopiervorlagen 87

Lehrer-Info: Formen umgeben uns

Materialbedarf

- 4 runde Gegenstände, z. B. eine Münze, ein Verkehrszeichen, eine Tesa-Rolle, eine CD (ohne Hülle)
- 4 dreieckige Gegenstände, z. B. ein Triangel, ein Verkehrszeichen, ein Wimpel, ein Dreiecktuch
- 4 rechteckige Gegenstände, z. B. ein Radiergummi, eine Kassettenhülle, ein Verkehrszeichen, eine Postkarte
- 4 quadratische Gegenstände, z. B. ein Verkehrszeichen, eine Fliese, ein (Blanko-)Bierdeckel, ein Halmaspielbrett
- Tabelle entsprechend KV 1, S. 5 an der Tafel vorbereiten oder Folie von KV 1 ziehen
- Bildkarten von KV 2, S. 6 auf DIN A4 für die Tafel vergrößern und laminieren oder auf Folie ziehen und ausschneiden
- ein wasserlöslicher Folienstift
- Merkmalkarten (siehe rechts unten) mindestens auf DIN A5 vergrößern (evtl. laminieren)
- KV 1 und 2, S. 5/6 in Schülerzahl kopieren

Hinführung

- Die Kinder sitzen im Stuhlkreis.
- **Stummer Impuls:** Die verschiedenen Gegenstände werden in die Mitte des Stuhlkreises gelegt.
- Die Kinder benennen die einzelnen Gegenstände.
- **Impuls:** Wir können die Gegenstände ordnen.
- **UG:** Die Kinder finden die Form als Ordnungskriterium.
- **Zielangabe:** Wir ordnen nach der Form.

Erarbeitung

- **Merkmalkarten zeigen:** Die Kinder benennen die Formen.
- **Klären der Fachbegriffe:** Kreis, Dreieck, Rechteck, Quadrat.
- Die Kinder ordnen die Gegenstände den Merkmalkarten zu und begründen ihre Entscheidung.
- Einordnen der Merkmalkarten in die vorbereitete Tabelle oder Einsatz der Folie.
- Die Kinder ordnen die Bildkarten in die Tabelle ein (oder legen sie auf OHP) und begründen ihre Entscheidung. Zur Verdeutlichung fahren die Kinder die erkannte Form mit dem Folienstift farbig nach.
- **UG:** Die Formen können wir auch in unserem Klassenzimmer finden.
- Die Kinder zeichnen selbst Gegenstände und ordnen sie in die Tabelle ein oder bearbeiten KV 1 und KV 2.

Weiterarbeit

- **Übung:** Die Kinder bringen weitere Gegenstände mit und ordnen sie den Merkmalkarten zu („Formen-Ausstellung").
- **Motorische Übung:** Auf jede Bank wird eine Schuhschachtel mit 12 Gegenständen gestellt, an denen sich die erarbeiteten Formen ertasten lassen.
  Einem Kind werden die Augen verbunden. Sein Partner gibt ihm verschiedene Gegenstände in die Hand. Es ertastet die Form der Gegenstände und benennt sie. Nachdem drei Formen richtig erkannt wurden, erfolgt ein Partnerwechsel. Die 12 Gegenstände können zum Schluss geordnet werden (evtl. die Merkmalkarten in die Schuhschachtel geben).
- **Übung:** KV 3, S. 7
- **Differenzierung:** KV 4, S. 8

Merkmalkarten:

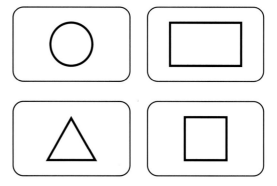

Name: _____ KV 1

Die Flächenformen

Quadrat ☐

Rechteck ▭

Dreieck △

Kreis ○

Ordne die Gegenstände nach ihrer Form! Male selbst oder schneide Bilder aus der Zeitung aus! (dazu KV 2)

Geometrie: Flächenformen

Material für KV 1 | KV 2

1. Schneide die Bilder aus und ordne sie!

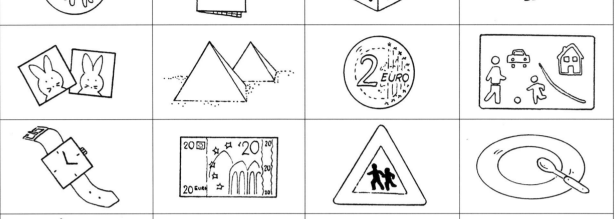

2. Male selbst oder schneide Bilder aus der Zeitung aus!

Name: _____ KV 3

Flächenformen umgeben uns

In diesem Bild lassen sich viele Quadrate, Rechtecke, Kreise und Dreiecke finden.
Wähle für jede Form eine andere Farbe und fahre sie nach!

Geometrie: Flächenformen

Name: _____   KV 4

Gegenstände und Formen

1. An den folgenden Gegenständen lassen sich verschiedene Formen erkennen. Welche Formen siehst du? Wie oft kommt jede Form vor?

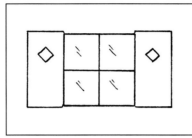

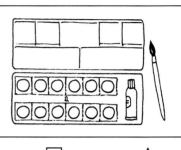

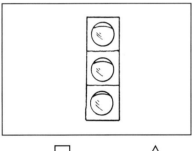

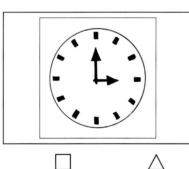

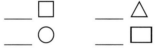

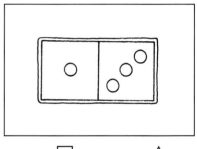

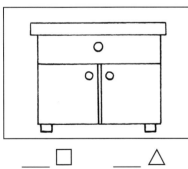

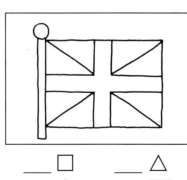

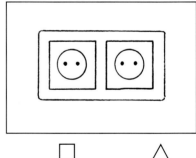

2. Rätsel: Ich sehe was, was du nicht siehst …

   Es ist □ und □.   Es ist ○ und □.   Es ist □ und △.

Lösung: 2. B. a) Schachtel, … b) Uhr, … c) Brietmarke, …

Geometrie: Flächenformen

Name: _____   KV 5

Verschiedene Vierecke

Schau mal, da hat jemand ein Muster aus 12 Quadraten und 6 Rechtecken auf seine Mauer gemalt!

Das sind nur 6 Quadrate. Rechtecke gibt es keine. Prüf doch mal nach!

Flo hat Flipp aus dem Zettel, den sie in der Hosentasche hatte, einen Eckenmesser gefaltet:

1. Falte dir aus einem Stück Papier deinen eigenen Eckenmesser!

2. Überprüfe alle vier Ecken und kreuze an!

☐ Rechteck
☐ Quadrat
☐ Viereck
☐ Raute

☐ Rechteck
☐ Quadrat
☐ Viereck
☐ Raute

☐ Rechteck
☐ Quadrat
☐ Viereck
☐ Raute

☐ Rechteck
☐ Quadrat
☐ Viereck
☐ Raute

☐ Rechteck
☐ Quadrat
☐ Viereck
☐ Raute

☐ Rechteck
☐ Quadrat
☐ Viereck
☐ Raute

3. *Bildet 4er-Gruppen! Jede Gruppe bekommt eine Schnur mit der gleichen Länge. Versucht, unterschiedliche Vierecke darzustellen!*

Geometrie: Flächenformen

Name: _____   KV 6

Rechtecke – Quadrate – Dreiecke

Wie viele Rechtecke, Quadrate und Dreiecke findest du?

1. Verbinde die Punkte zu Rechtecken!

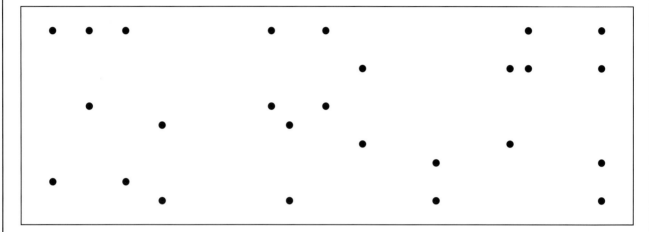

2. Verbinde die Punkte zu Quadraten!

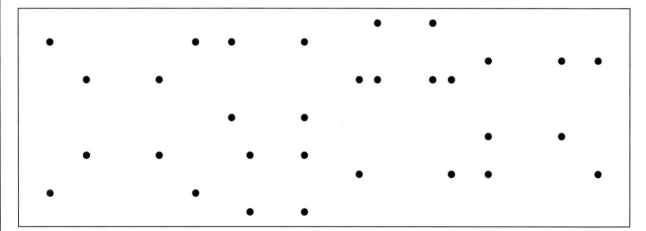

3. Verbinde die Punkte zu Dreiecken!

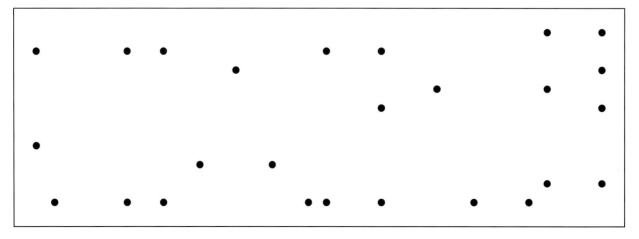

Name: _____ KV 7

Bilder aus Formen

Schau genau! Kannst du mit diesen Formen alle Bilder legen?

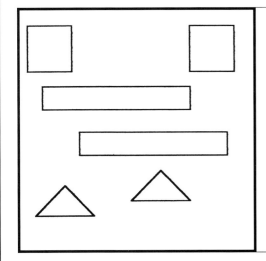
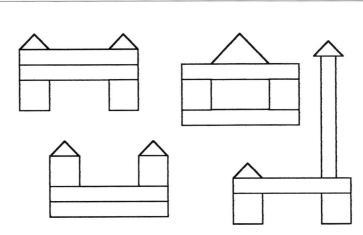

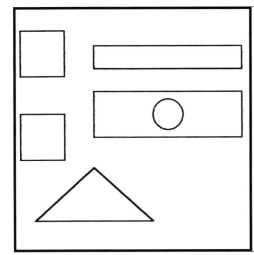
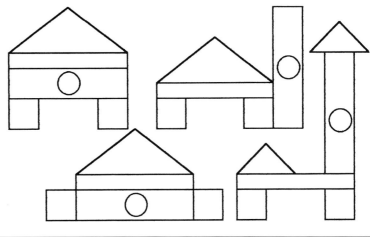

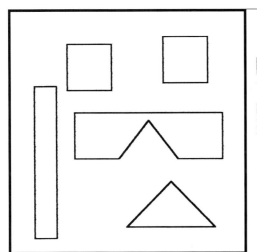
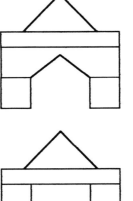
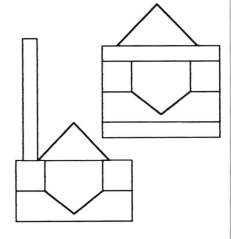

Streiche durch, was du nicht legen kannst!

Geometrie: Flächenformen

| Folie: Rechteck – Quadrat – Dreieck/Hinführung für KV 10 | KV 8 |

| Material für KV 11 und 12 | KV 9 |

Klebe das Tangram auf einen dünnen Karton! Schneide dann die sieben Teile aus!

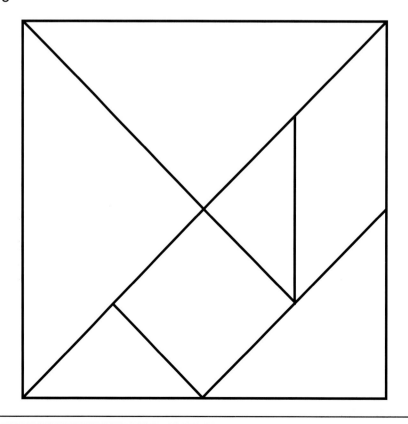

Rechteck – Quadrat – Dreieck (dazu KV 8)

Was Flipp mit dem Blatt Papier macht, siehst du hier:

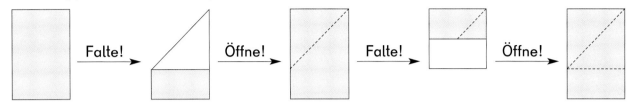

Flipp zerschneidet das Papier. Er erhält zwei Formen:

1. Nachdem Flipp das Quadrat noch einmal gefaltet hat, zerschneidet er es in vier gleiche Dreiecke.

Kannst du das Blatt Papier jetzt wieder zusammensetzen?

2. Jedes Dreieck faltet Flipp so, dass er es in zwei kleine Dreiecke und ein Quadrat zerschneiden kann.

Und jetzt? Kannst du es auch noch zusammensetzen?

3. Flipp gibt Flo nun Rätsel auf:

Lege mit vier Dreiecken zwei Quadrate!

Lege ein möglichst langes Rechteck!

Lege aus drei Teilen ein Dreieck!

Lege diese Figuren!

Geometrie: Flächenformen

Name: _____ KV 11

Das Tangramspiel – ein altes chinesisches Formenspiel

1. Lege die Tangramfiguren nach!
2. Erfinde selbst Figuren! Dein Partner legt sie nach!

Name: _____ KV 12

Das Tangramspiel – ein altes chinesisches Formenspiel

1. Lege die Tangramfiguren nach!
2. Erfinde selbst Figuren! Dein Partner legt sie nach!

Muster und Ornamente

1. Male ohne Lineal weiter!

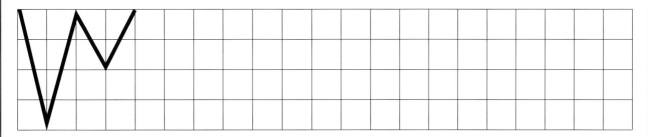

2. Male die Formen mit Farben so an, dass ein Muster entsteht!

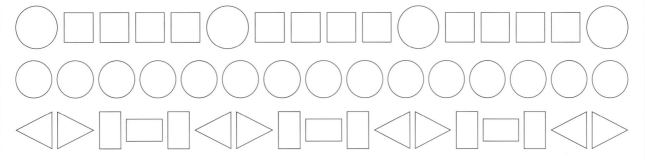

3. Übertrage die Muster in dein Heft und setze sie fort! Gestalte sie mit Farben!

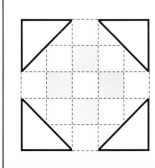 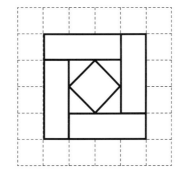 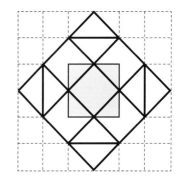

Rätsel mit Linien und Formen

1. Übertrage die Linien!

In einer Zeile entsteht ein Wort:

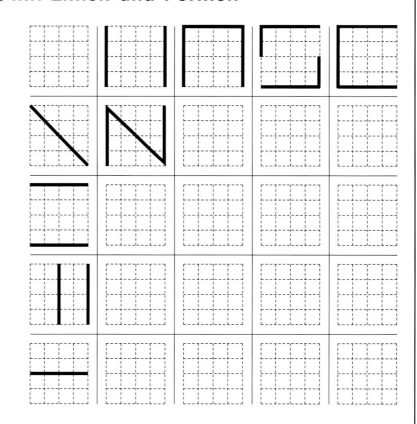

2. Ergänze die angefangenen Figuren nach der Vorlage!

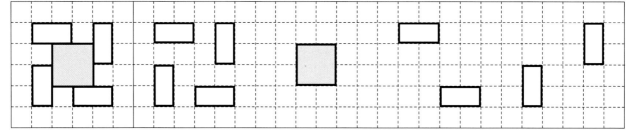

Geometrie: Flächenformen

Name: _____ KV 15

Ein Bild aus Formen

1. Dieses Bild besteht aus verschiedenen Formen.

Wie oft kommen die Formen vor?

2. Male selbst ein Bild mit verschiedenen Formen!

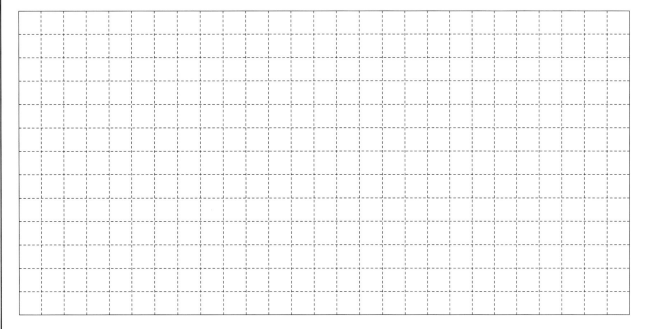

Wie oft brauchst du jede Form?

Geometrie: Flächenformen

Lehrer-Info: Formen, Muster und Figuren (Stationentraining)

Materialbedarf

- KV 16, S. 19 (Laufkarte) in Schülerzahl kopieren (zur Einführung evtl. auf Folie ziehen)
- KV 17–22, S. 20–22: Für jede Station ein Stationsblatt kopieren (in verschiedenen Farben, evtl. auf DIN A4 vergrößern).
- Ein Kontrollblatt entsprechend KV 16, S. 19 herstellen. Die Lösungen auf dem Kontrollblatt eintragen und das Blatt für die Selbstkontrolle an die Kontrollstation legen oder an die Tafel hängen.
- Station 1: 5 Schuhkartons o.Ä. (je nach Schülerzahl) als Fühlkisten; in jede Fühlkiste die gewünschte Anzahl an Rechtecken, Quadraten, Dreiecken und Kreisen (Formenplättchen) geben.
- Station 2: 5 Geobretter (4 × 4 Nägel) und verschiedenfarbige Gummiringe
- Station 3: KV 23, S. 23 5-mal kopieren und Würfelbilder ausschneiden; 5 Formenschablonen; 5 Blankowürfel (3 cm × 3 cm) mit den Formen bekleben; Formen groß mit Klebeband auf den Boden kleben
- Station 4: 5 Formenschablonen; 5 Walkman (oder Kassettenrekorder mit Kopfhörer) mit je 1 Kassette. Auf die Kassette muss die gewünschte Zeichenanweisung aufgenommen werden, z. B. „Male in das rechte obere Feld einen roten Kreis!" – „Male in die Mitte ein gelbes Quadrat!" – „Male in das linke Feld unten ein grünes Dreieck!"
- Station 5: KV 24, S. 23 5-mal kopieren
- Zusatzstation: KV 25, S. 23 vergrößern und in entsprechender Anzahl kopieren; KV 26, S. 24–25 vergrößern, in entsprechender Anzahl kopieren und als Rätselkarten bereitstellen oder: KV 26 vergrößern, 1-mal kopieren, laminieren und ausschneiden; wasserlösliche Folienstifte; „Streichhölzer" (Hölzchen ohne Kopf) in ausreichender Menge

Erläuterungen zu den Stationen

- **Station 1:**
  In einer Fühlkiste liegen für die Kinder unsichtbar die Formen. Nun wird die Aufgabe je nach gewünschtem Schwierigkeitsgrad gestellt:
  Beispiel: In der Kiste liegen lauter gleich große Formen in unterschiedlicher Anzahl (2 □, 5 ○, 1 △, 4 □). Oder: Die Formen variieren in der Größe und Anzahl.
  Schreibe auf, wie oft du eine Form erfühlt hast!
  Hinweis: Die Formen können aus unterschiedlichem Material hergestellt werden, z. B. Holz, Moosgummi, Metall, Karton beklebt mit Filz oder Schmirgelpapier. Auch schablonenartig aus Kartonstücken ausgeschnittene Formen lassen sich einsetzen, z. B. ○.

- **Station 2:**
  Spanne die genannten Formen mit den Gummiringen auf dem Geobrett! Zeichne sie dann in der Farbe des Gummirings auf dein Arbeitsblatt!

- **Station 3:**
  Würfle eine Form! Gehe dann zu der entsprechenden Form und laufe sie mit kleinen Schritten (vorwärts/rückwärts) nach! Zeichne die Form, die du abgelaufen bist, (mit der Formenschablone) auf dein Arbeitsblatt!
  „Joker": Gehe deine Lieblingsform in kleinen Schritten nach und male sie dann auf!

- **Station 4:**
  Male die Form (mit der Formenschablone) in der genannten Farbe in das richtige Feld auf deinem Arbeitsblatt!

- **Station 5:**
  Übertrage die Figur auf dein Arbeitsblatt!
  Hinweis: KV 24, S. 23 könnte vor dem Kopieren verkleinert (oder vergrößert) werden. Beim Übertragen vergrößern (verkleinern) die Kinder somit gleichzeitig die Figur.

- **Zusatzstation:**
  (1) Die Kinder stellen sich mit Hilfe von KV 25, S. 23 gegenseitig Formenrätsel. Die eigenen Rätsel werden zum Schluss ins Heft geklebt.
  (2) Die Kinder suchen sich ein Rätsel aus, lösen es, tragen die Lösung auf der Rätselkarte ein und kleben sie anschließend ins Heft.
  ODER: Die Kinder holen sich eine laminierte Karte, arbeiten damit, tragen die Lösung mit Folienstift ein und waschen die Karte nach der Lehrerkontrolle wieder ab.

Weiterarbeit

- **Übung:** Veränderung der Stationsaufgaben durch den Lehrer.

Name: _____ KV 16

Formen, Muster und Figuren (Laufkarte)

Station 1:

☐   △   ○   ☐

___   ___   ___   ___

Station 2:

| 2 gleich große ☐ | das kleinste ☐ das größte ☐ | eine Figur mit 4 Ecken | eine Figur mit 2 ☐ und 2 △ |

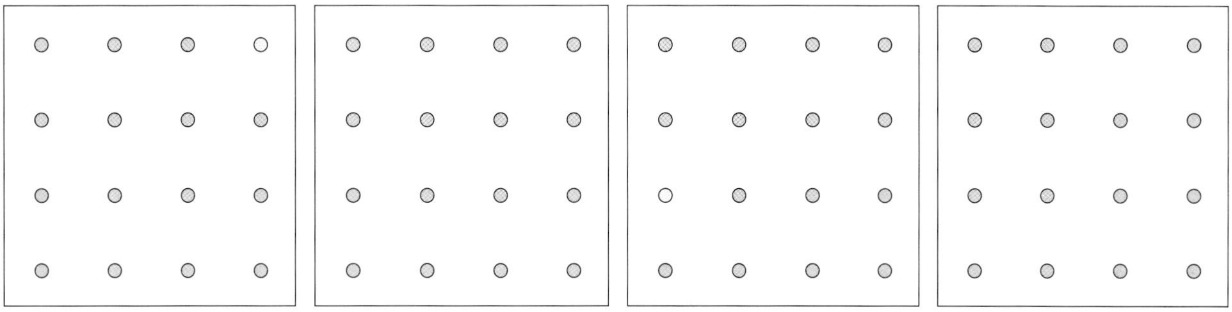

Station 3:

Station 4:

Station 5:

Geometrie: Flächenformen

Station 1 — KV 17

Formen erfühlen

Station 2 — KV 18

Formen spannen und malen

Station 3 — KV 19

Formen gehen und malen

Station 4 — KV 20

Formen nach Diktat malen

Station 5 — KV 21

Figuren nachzeichnen

Zusatzstation — KV 22

Rätsel und Knobelaufgaben

Material für Station 3 (KV 19) — KV 23

Material für Station 5 (KV 21) — KV 24

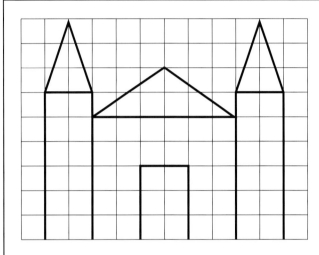 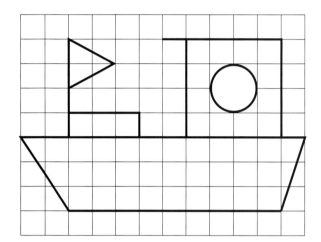

Material für die Zusatzstation (KV 22) — KV 25

1. Male jede Form mit einer anderen Farbe an!
2. Schneide die Formen aus!
3. Zerlege die Formen durch 2 gerade Schnitte in 4 Teile!
   Beispiel:

4. Setze die Teile wieder zu einer ganzen Form zusammen!

  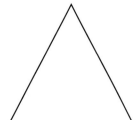 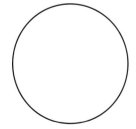

5. Kann dein Partner deine Teile zusammensetzen?

Geometrie: Flächenformen

Material für die Zusatzstation (KV 22) — KV 26

Knobelaufgaben

Lege die Figur mit den Hölzern nach!
Lege 4 Hölzer so um, dass 2 kleine Quadrate entstehen!

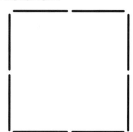

Lege die Figur mit den Hölzern nach!
Lege 2 Hölzer so um, dass 2 kleine und 1 großes Quadrat entstehen!

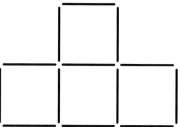

Lege die Figur mit den Hölzern nach!
Lege 2 Hölzer so um, dass die neue Figur 1 großes Dreieck und 2 kleine Dreiecke enthält!

Zeichne die Figur in einem Zug nach!
Du darfst mit dem Stift nicht absetzen und an einer anderen Stelle neu beginnen!
Keine Linie darf doppelt gezeichnet werden!

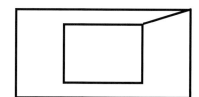

Zeichne die Figur in einem Zug nach!
Du darfst mit dem Stift nicht absetzen und an einer anderen Stelle neu beginnen!
Keine Linie darf doppelt gezeichnet werden!

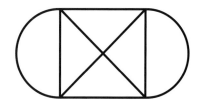

Zeichne die Figur in einem Zug nach!
Du darfst mit dem Stift nicht absetzen und an einer anderen Stelle neu beginnen!
Keine Linie darf doppelt gezeichnet werden!

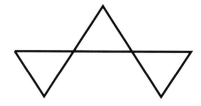

Welche Teile wurden zum Legen des Hauses nicht benutzt?

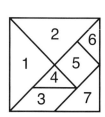 

Welche Teile wurden zum Legen des Segelbootes nicht benutzt?

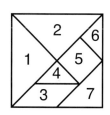 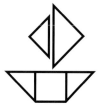

Geometrie: Flächenformen

Material für die Zusatzstation (KV 22) — KV 27

Knobelaufgaben (Fortsetzung)

Welche Figur fehlt?

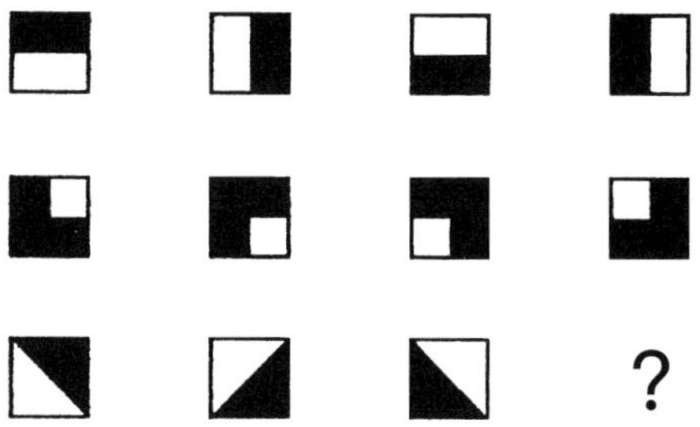

Welche Figur fehlt?

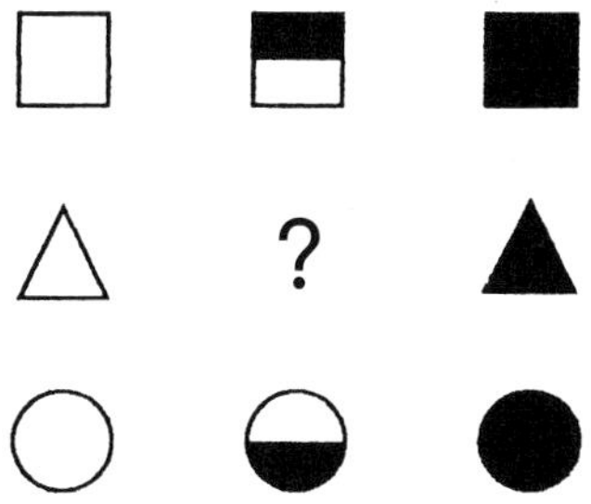

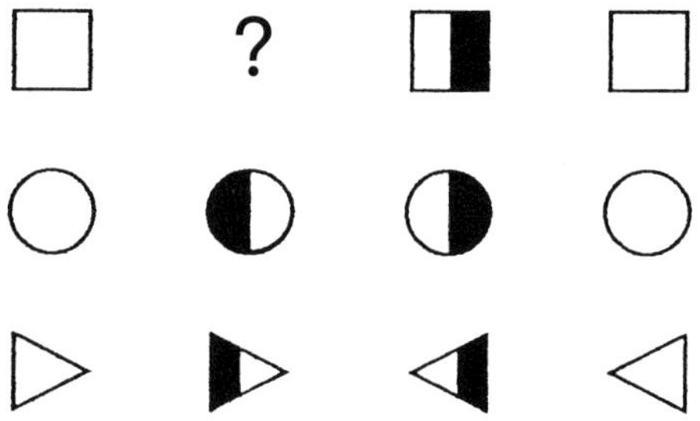

Welche Figur fehlt?

Welche Figuren fehlen?

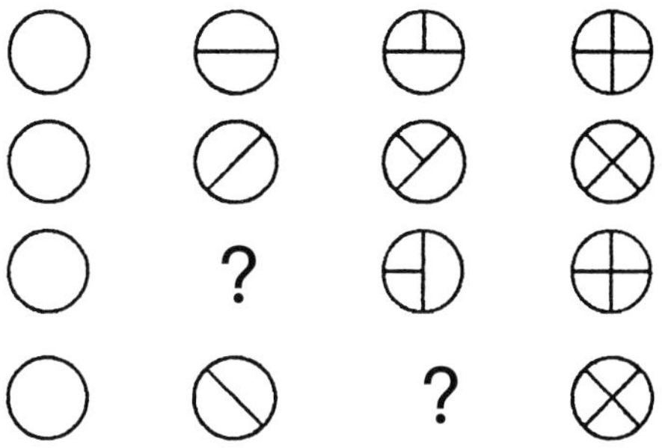

Welche Figur passt?

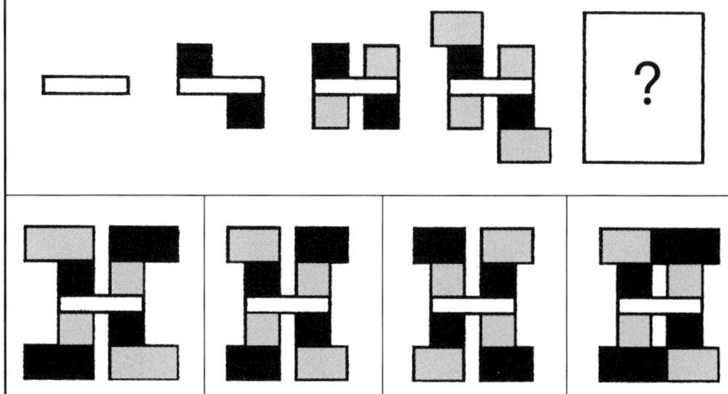

Welche Figur passt?

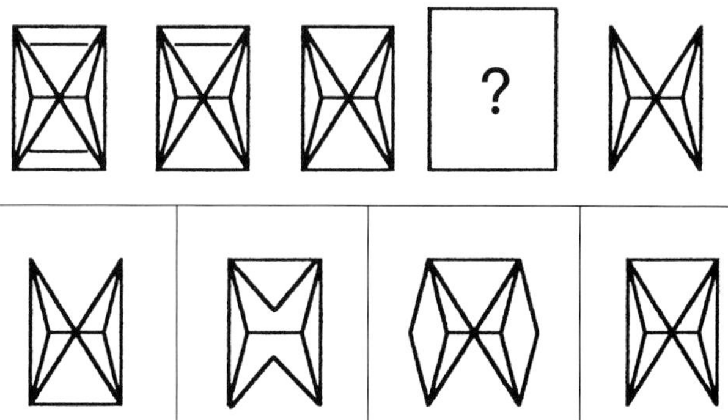

Welche Figur passt?

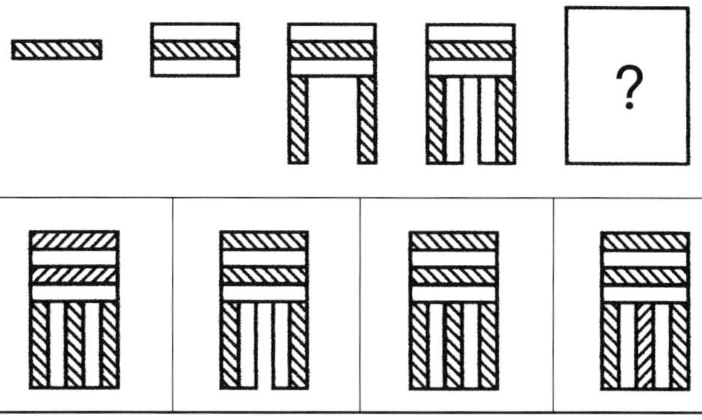

Welche Figur passt?

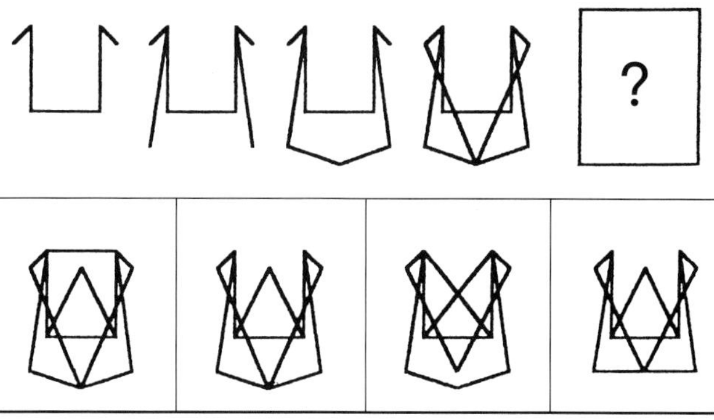

Geometrie: Flächenformen

Lehrer-Info: Anzahlen bestimmen

Materialbedarf

- Folie von KV 29, S. 27 ziehen
- KV 29 und 30, S. 27 und 28 in Schülerzahl kopieren
- Bildmaterial (KV 28, siehe rechts) für eine klassenbezogene Tabelle (Hefteintrag) in Schülerzahl kopieren

Hinführung

- **Stummer Impuls:** Folie von KV 29, S. 27 auflegen
- Die Kinder erzählen zum dargestellten Bild.
- **Zielangabe:** Wir zählen

Erarbeitung

- **Lehrer-Impuls:** Zählergebnisse können wir auf verschiedene Art aufschreiben.
- Die Kinder nennen verschiedene Möglichkeiten, z. B.
  als Striche: ⊥⊥⊥⊥ ⊥
  als Zeichen: ○ ○ ○ ○ ○   ○
  als Zahl: 6
  als Zahlwort: sechs
- Unterschiedliche Zahlen werden beispielhaft auf verschiedene Weise dargestellt.
- Die Kinder bearbeiten nun die KV 30 selbstständig.

Weiterarbeit

- **Übung:** Unsere Klasse – unser Klassenzimmer: Was können wir alles zählen? Das Bildmaterial von KV 28 (siehe rechts) zu Hilfe nehmen.
- **Übung:** Zählübungen anhand verschiedener Themen:
  - Unsere Parallelklasse (Erstellen einer vergleichenden Tabelle)
  - Die weiterführenden Klassen
  - Zahlen in der Natur (Erstellen eines Zahlenbuches)

Bildmaterial (KV 28) für den Hefteintrag:

Name:

KV 29

Im Klassenzimmer

Zahlen bis 20

Name: _____ KV 30

Im Klassenzimmer

1. Schau genau, zähle und schreibe auf!

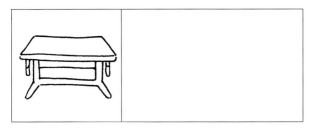 

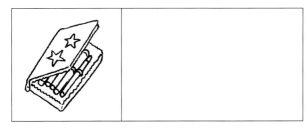 

 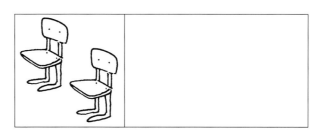

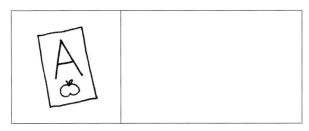 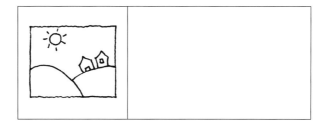

2. Suche dir selbst etwas im Klassenzimmer, das du zählen kannst!
Male, zähle und schreibe auf!

Zahlen bis 20

Lehrer-Info: Zehner und Einer: Wir bündeln

Materialbedarf

- KV 31, S. 30: Das obere Bild für die Tafel vergrößern oder auf Folie ziehen.
- KV 31, S. 30: Geldbeutel für die Tafel vergrößern oder auf Folie ziehen und ausschneiden
- Rechengeld für die Tafel; Rechenspielgeld für die Schüler
- KV 32, S. 31 und KV 33, S. 32 in Schülerzahl (differenziert) kopieren

Hinführung

- **Stummer Impuls:** Bild von KV 31, S. 30
- **UG:** Flipp und Flo haben ihre Spardosen geleert und zählen, wie viel Geld jeder gespart hat. Flo überlegt, ob die Mutter ihnen die einzelnen Münzen wechseln kann. Sie weiß, dass die Mutter immer Kleingeld braucht. Die Mutter gibt den beiden ihren Geldbeutel mit den Worten „Ihr müsst selbst nachsehen!" – Flipp und Flo finden in Mutters Geldbeutel folgende Scheine und Münzen …
- Bild vom Geldbeutel an die Tafel heften oder auf den „Tisch" (Folie) legen.
- **Zielangabe** (an TA): Wir wechseln Geld

Erarbeitung

- Die Situation von KV 31 wird nachgespielt.
- Die Kinder suchen in Partnerarbeit mit Hilfe des Rechenspielgeldes nach einer Lösung.
- Die Lösung wird vorgestellt und besprochen.
- **UG:** Jetzt kann man sich auch nicht mehr so leicht verzählen. Man sieht auf einen Blick, wie viel Geld jeder von beiden hat.
- Zeichnerische Darstellung an der Tafel zu Flipp: Umkreisen von 10 Euro-Münzen

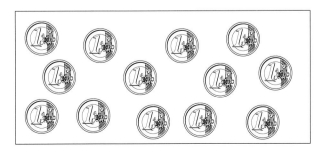

- Darstellung des Bündelungsvorganges mit

- Der Begriff „Bündeln" wird genannt und erklärt (weitere Zielangabe an der Tafel: Wir bündeln).
- Die ausführliche und die abgekürzte Tabelle werden erklärt und die Lösung eingetragen: 1 Zehner, 3 Einer:

Zehner	Einer

Z	E

- **Versprachlichung:** Für 10 Euro-Münzen bekommt Flipp einen 10-Euro-Schein. Er hat nun einen Zehner und drei Einer.
- Tafelanschrift: 1 Zehner + 3 Einer = 13 €; kurz: 1 Z + 3 E = 13 €
- Ein weiteres Beispiel zu Flo.
- Umgekehrtes Beispiel: Der Freund von Flipp hat 11 € in der Spardose. – Die Kinder legen mit Zehnern und Einern.
Tafelanschrift: 11 € = 1 Z + 1 E
- Bearbeiten weiterer Beispiele.
- **UG:** Die 10er-Bündelung kommt nicht nur beim Geld vor. Die Kinder finden weitere Beispiele (10er-Eierschachteln, Briefmarken, Kaugummipackung).
- Selbstständige (differenzierte) Übung: KV 32, S. 31 oder KV 33, S. 32

Weiterarbeit:

- **Übung:** KV 34, S. 33
- **Übung:** Station 1 im Stationentraining (Die Zahlen von 10 bis 20, S. 34 ff.)

Material zu „Wir bündeln" KV 31

Zehner und Einer: Wir bündeln

Bündle und schreibe auf!

❶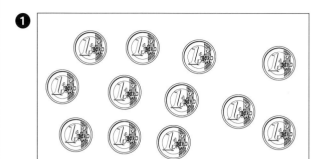

Zehner	Einer

___ Z + ___ E = ___ €

❷

Zehner	Einer

___ Z + ___ E = ___ €

❸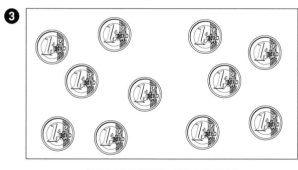

Z	E

___ Z + ___ E = ___ €

❹

Z	E

___ Z + ___ E = ___ €

❺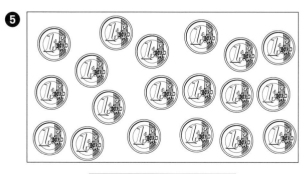

Z	E

___ Z + ___ E = ___ €

❻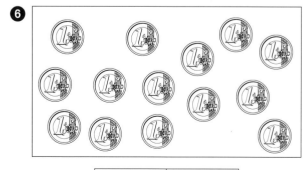

Z	E

___ Z + ___ E = ___ €

Zehner und Einer: Wir bündeln

1. Bündle und schreibe auf!

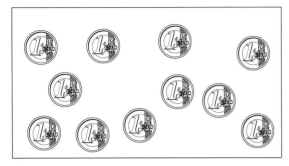 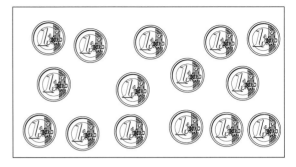

Zehner	Einer

___ Z + ___ E = ____ €

Zehner	Einer

___ Z + ___ E = ____ €

2. Male, bündle und schreibe auf!

 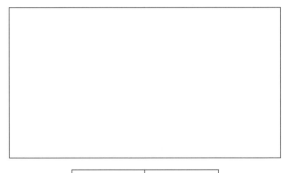

Z	E
1	8

___ Z + ___ E = ____ €

Z	E
1	4

___ Z + ___ E = ____ €

Z	E

___ Z + ___ E = 11 €

Z	E

___ Z + ___ E = 19 €

Zehner und Einer: Wir bündeln

Streiche weg, male und schreibe!

1

| 1 | 0 | + | 1 | = | |

2

3

4

5

6

7

8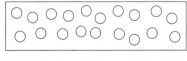

9

10

Lehrer-Info: Die Zahlen von 10 bis 20 (Stationentraining)

Materialbedarf

- KV 35, S. 36 (Laufkarte) in Schülerzahl kopieren (zur Einführung evtl. auf Folie ziehen)
- KV 36–41, S. 37–39: Für jede Station ein Stationsblatt kopieren (in verschiedenen Farben, evtl. auf DIN A4 vergrößern).
- Ein Kontrollblatt entsprechend KV 35, S. 36 herstellen. Die Lösungen auf dem Kontrollblatt eintragen und das Blatt für die Selbstkontrolle an die Kontrollstation legen oder an die Tafel hängen.
- Station 1: 5 Körbe o. Ä. (je nach Schülerzahl) mit der gewünschten Anzahl an (z. B. 14) weißen, (z. B. 17) roten, (z. B. 11) gelben, (z. B. 16) blauen Plastikeiern; zu jedem Korb 4 Zehner-Eierschachteln.
- Station 2: 5 Schuhschachteln o. Ä. (je nach Schülerzahl) als Fühlkisten; je zwei Kartonstücke (10,5 cm × 2 cm) mit der gewünschten Anzahl bekleben, z. B. mit 13 und 15 Kreisen, 12 und 17 Quadraten, 15 und 19 Dreiecken aus Schmirgelpapier.

  Beispiel:

  ```
  ○ ○ ○ ○ ○   ○ ○ ○ ○ ○
  ○ ○ ○ ○ ○
  ```

  (Weitere Möglichkeiten finden Sie im Band 1, Bestell-Nr. 3279, S. 25)
- Station 3: 5 Walkmen (oder Kassettenrekorder mit Kopfhörer) mit je 1 Kassette. Auf die Kassetten müssen zuvor die gewünschten vier Zahlen mit einem Becken (1 Beckenschlag = 1 Zehner) und einer Holzblocktrommel (1 Holzblocktrommelschlag = 1 Einer) aufgenommen werden. Dabei sollte der Beckenschlag so lange klingen, dass leise bis 10 mitgezählt werden kann.
- Station 4: KV 42, S. 40 5-mal kopieren
- Station 5: KV 44, S. 41 vergrößern und 5-mal kopieren (evtl. laminieren); je Spielplan ein 6er-Würfel und 2 verschiedenfarbige Spielfiguren; 3 Bälle, Klebeband oder Seil, Xylophon mit Schlägel, 3 (z. B. Gänse-)Federn
- Zusatzstation: KV 43, S. 40 vergrößern, 5-mal kopieren, laminieren und zerschneiden; KV 45, S. 42 5-mal kopieren; KV 46, S. 43 in entsprechender Anzahl kopieren und ein Kontrollblatt mit Lösungen anfertigen
- Zwanzigerfeld (siehe S. 35 rechts unten) vergrößern und Folie ziehen; die Schablone entsprechend vergrößern und aus Papier (Karton) ausschneiden

Erläuterungen zu den Stationen

- **Station 1:**
  In den Körben liegen die Eier in den verschiedenen Farben durcheinander. Die Kinder „bündeln" jede Farbe: Sie legen 10 Eier der gleichen Farbe in die Eierschachtel und legen die übrigen einzelnen Eier dieser Farbe im Deckel ab. Nach Erledigung der kompletten Aufgabe werden alle Eier wieder in den Korb zurückgelegt.
  Aufgabe: Bündle alle gleichfarbigen Eier! Trage das Ergebnis auf dem Arbeitsblatt ein und überprüfe es mit Hilfe des Kontrollblattes!

- **Station 2:**
  In der Schuhschachtel liegen für die Kinder unsichtbar die sechs Kartonstreifen mit den aufgeklebten Anzahlen. Die Kinder greifen in die Schachtel und ertasten die Anzahl der Kreise/Quadrate/Dreiecke und tragen die Lösung auf dem Arbeitsblatt ein.
  Aufgabe: Ertaste, wie viele Kreise, Quadrate und Dreiecke auf dem Karton aufgeklebt sind! Trage deine Lösung auf dem Arbeitsblatt ein und überprüfe sie mit Hilfe des Kontrollblattes!

- **Station 3:**
  Schreibe die Zahlen auf, die du hörst!
  (Vorübung: siehe S. 35 unter „Kopfrechnen")

- **Station 4:**
  Zähle! Male und schreibe dein Zählergebnis auf das Arbeitsblatt!

- **Station 5:**
  Die Übungen der Ereignisfelder sollten den Kindern bekannt sein.
  Aufgabe: Wähle einen Partner und spiele mit ihm das Spiel!

- **Zusatzstation:**
  Mündliches Partnerrechnen: Die Kinder knicken die Aufgabenkarte (KV 45, S. 42) in der Mitte und stellen sie zwischen sich. Ein Kind (Seite mit Flo) löst die Aufgaben, der Partner korrigiert (Seite mit Flipp). Hat ein Kind alle Aufgaben gelöst, wird die Karte umgedreht und der Partner rechnet die Aufgaben.
  Zahlenrätsel: Die Kinder bearbeiten das Blatt (KV 46, S. 43) allein oder mit einem Partner. Sie kontrollieren zum Schluss ihre Lösungen.
  Memory: Spiel (KV 43, S. 40) in 2er- oder 3er-Gruppen

Weiterarbeit

- **Übung:** Veränderung der Stationsaufgaben durch den Lehrer.

Kopfrechnen

- Die Folie vom **Zwanzigerfeld** (siehe rechts) wird deutlich sichtbar aufgelegt. Die Kinder schließen nun die Augen. Eine bestimmte Anzahl an Plättchen wird abgedeckt: Wie viele Plättchen kannst du sehen? Wie viele Plättchen sind abgedeckt? (siehe Band 1, Bestell-Nr. 3279, S. 35)
- **Gleich viel?:** Der Lehrer legt z. B. vier Zifferkarten (KV 51, S. 48) auf den Tageslichtprojektor und dazu eine entsprechende Menge an Gegenständen (z. B. Plättchen). Die Kinder schließen die Augen. Der Lehrer verändert etwas (Wegnehmen/Dazulegen eines Plättchens, Umstrukturierung eines Mengenbildes). Die Kinder müssen die Veränderungen benennen.
- **Zehner und Einer** werden mit **Musikinstrumenten** (z. B. einem Becken und einer Holzblocktrommel, siehe Station 3) oder mit Körperinstrumenten (z. B. einmal patschen bedeutet 10 und einmal klatschen bedeutet 1) dargestellt. Jedes Kind bekommt die Zifferkarten von 11 bis 20. Auf ein akustisches Zeichen (vom Lehrer oder von einem Schüler, mit dem Rücken zur Klasse) hin halten die Kinder die entsprechende Zifferkarte hoch. (siehe Band 1, Bestell-Nr. 3279, S. 35)
- **Zahlenlaufen:** Die Zifferkarten von 11 bis 20 (KV 51, S. 48) liegen im Zimmer verteilt auf dem Boden. Jede Ziffer sollte mehrmals vorkommen. Der Lehrer oder ein Kind spielt eine Zahl auf den vereinbarten Musik- oder Körperinstrumenten (mit dem Rücken zur Klasse). Die Schüler laufen zu der entsprechenden Zifferkarte. Die Klasse evtl. in zwei Gruppen aufteilen. (siehe Band 1, Bestell-Nr. 3279, S. 35)

Zwanzigerfeld mit Schieber zum Abdecken:

Name: _____   KV 35

Die Zahlen von 10 bis 20 (Laufkarte)

Station 1:

weiße  :   rote  :   gelbe  :   blaue 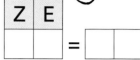 :

| Z | E | = | | | | Z | E | = | | | | Z | E | = | | | | Z | E | = | | |

Station 2:

▲

| Z | E | = | | | | Z | E | = | | | | Z | E | = | | |

| Z | E | = | | | | Z | E | = | | | | Z | E | = | | |

Station 3:

❶ | Z | E | = | | | ❷ | Z | E | = | | | ❸ | Z | E | = | | | ❹ | Z | E | = | | |

Station 4:

❶

| Z | E | = | | |

❷

| Z | E | = | | |

❸

| Z | E | = | | |

❹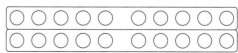

| Z | E | = | | |

Zahlen bis 20

Station 1 — KV 36

Bündle!

Station 2 — KV 37

Fühle!

Station 3 — KV 38

Höre!

Station 4 — KV 39

Schau genau und zähle!

Station 5 — KV 40

Spiele mit deinem Partner!

Zusatzstation — KV 41

Wähle ein Spiel oder eine Aufgabe!

Material für Station 4 (KV 39) — KV 42

❶

❷

❸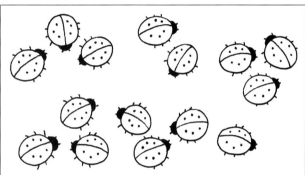

❹

Material für die Zusatzstation (KV 41) — KV 43

Memory:

ooooooooo / ooooooooo	20	ooooo ooooo / oooo	14
ooooo ooooo / ooooo oooo	19	ooooo ooooo / ooo	13
ooooo ooooo / ooooo ooo	18	ooooo ooooo / oo	12
ooooo ooooo / ooooo oo	17	ooooo ooooo / o	11
ooooo ooooo / ooooo o	16	ooooo ooooo	10
ooooo ooooo / ooooo	15		

Material für Station 5 (KV 40) — KV 44

Spiel mit Zahlen

1. Suche dir einen Partner!
2. Würfle! Wer die höchste Zahl gewürfelt hat, beginnt!
3. Rauswerfen ist nicht erlaubt!
4. Wenn du auf ein Ereignisfeld kommst, musst du zuerst den Auftrag ausführen, bevor du weiterwürfeln darfst!
5. Du musst das Ziel genau erreichen!

Material für die Zusatzstation (KV 41) — KV 45

Hm, wie viele Zehner und Einer sind das? Und wie heißt die Zahl?

↓ Hier knicken!

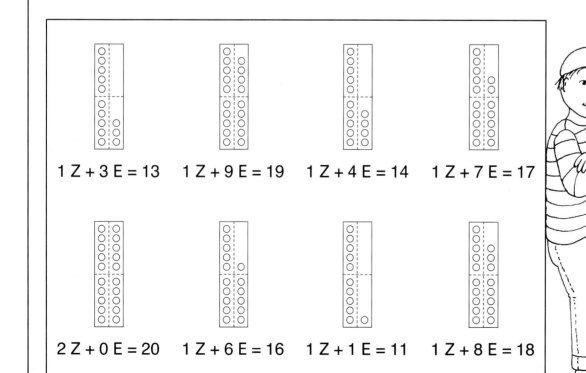

1 Z + 3 E = 13   1 Z + 9 E = 19   1 Z + 4 E = 14   1 Z + 7 E = 17

2 Z + 0 E = 20   1 Z + 6 E = 16   1 Z + 1 E = 11   1 Z + 8 E = 18

Material für die Zusatzstation (KV 41) — KV 46

Zahlenrätsel

1. Wie viele Zehen haben zwei Kinder?

2. Bilde aus den Ziffern 1 und 2 zwei verschiedene Zahlen!

3. Wie viele Zeilen hat eine Seite deines Schreibheftes?

4. Was ist kleiner, vierzig oder vierzehn?

5. Was ist das Doppelte des Doppelten von vier?

6. Welche Zahl zwischen 10 und 20 hat gleich viele Einer und Zehner?

7. Wie viele Beine haben fünf Möwen zusammen?

8. Was ist die Hälfte der Hälfte von 20?

9. Wie viele Bücher sind im Regal, wenn du eines von 20 Büchern herausnimmst?

10. Wie viele Beine haben fünf Löwen zusammen?

11. Welche Zahl hat doppelt so viele Einer wie Zehner?

12. Wie viele Spielkegel werden gebraucht, wenn vier Kinder Mensch-ärgere-dich-nicht spielen wollen?

Die Zahlenreihe bis 20

1. Ergänze die fehlenden Zahlen!

1	2					8						14						20

	19						11						5	4	

2. Ergänze die fehlenden Zahlen!

1	2				
11	13				20

20				14		11
		8			3	1

1	2					9
20					12	11

12			16		20
	7			3	

3. In welcher Reihenfolge stehen hier die Zahlen von 1 bis 20? Suche die fehlenden Zahlen!

1	2		
6			
	12		
		19	20

1			4
			7
11			15
		19	

4. Finde selbst eine andere Reihenfolge von 1 bis 20!

5. Wieder eine andere Reihenfolge: Auch hier fehlen Zahlen. Ergänze sie!

		6	
17			
	13		3
			2
20			1

1		13	
	15	20	
			10
	17		
5			8

6. Finde selbst eine andere Reihenfolge von 1 bis 20!

Nachbarzahlen bis 20

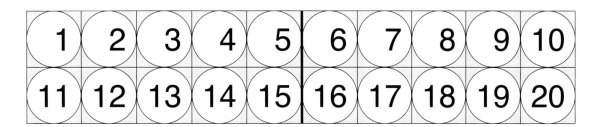

1. Ergänze den Vorgänger und den Nachfolger! Was fällt dir auf?

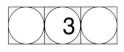 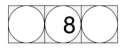 

2. Ergänze die Nachbarzahlen!

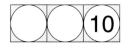

3. Auch das sind Nachbarn!

   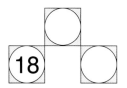

  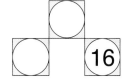

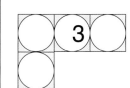 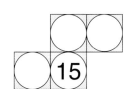 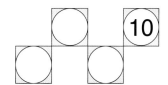 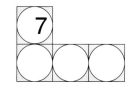

Name: _____   KV 49

Wir vergleichen

1. Was fällt dir auf?

4 ☐ 5	
14 ☐ 15	
6 ☐ 3	
16 ☐ 13	
7 ☐ 9	
17 ☐ 19	
1 ☐ 4	
11 ☐ 14	
5 ☐ 0	
15 ☐ 10	
2 ☐ 8	
12 ☐ 18	

2. Setze ein: < = > !

13 ☐ 11   17 ☐ 20   15 ☐ 13   16 ☐ 16
10 ☐ 15   14 ☐ 14   12 ☐ 18   19 ☐ 13
15 ☐ 17   19 ☐ 16   11 ☐ 11   18 ☐ 17
16 ☐ 14   12 ☐ 10   20 ☐ 10   12 ☐ 14

3. Vergleiche die drei Zahlen miteinander!

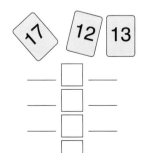

11 > 10
10 < 15

17 12 13

20 16 18

19 14 20

46   Zahlen bis 20

Lehrer-Info: Zahlenzerlegung bis 20

Materialbedarf

- je zwei Schüttelkästen mit 11, 12, 13, ... 20 Perlen
- je zwei Perlenketten o. Ä. mit 11, 12, 13, ... 20 Perlen und dazu je eine kleine Wäscheklammer
- je zwei Nagelbretter mit 11, 12, 13, ... 20 Nägeln und dazu je zwei (evtl. verschiedenfarbige) Gummiringe

- KV 50, S. 48: Streifenbrett und Rechenstreifen im gleichen Prozentrang vergrößern, 5-mal (oder je nach Schülerzahl mehr) kopieren und evtl. laminieren; Rechenstreifen ausschneiden und in einer Dose aufbewahren
  Hinweis: Die Streifenbretter lassen sich abkürzen. Somit können 11er, 12er, 13er-Streifenbretter hergestellt werden.
- 5 Dosen mit jeweils den Zifferkarten von 0 bis 20; Zifferkarten vergrößern, kopieren und ausschneiden (evtl. laminieren)
- KV 52, S. 49 in Schülerzahl kopieren (evtl. ein paar Blätter mehr)
- KV 53, S. 50: Einspluseins-Tafel in Schülerzahl kopieren (evtl. vergrößern), Schablone vergrößern (doppelt so groß); die Einspluseins-Tafel (KV 53, S. 50) vergrößern und auf Folie ziehen; eine Schablone für den Tageslichtprojektor bereithalten

Erläuterungen

- Jedes Kind erhält KV 52, S. 49. Es wählt eine Zahl zwischen 11 und 20 (z. B. 14), die es zerlegen möchte. Dazu holt es sich das passende Arbeitsmaterial (z. B. einen Schüttelkasten mit 14 Kugeln, eine Perlenkette mit 14 Kugeln, ein Nagelbrett mit 14 Nägeln, ein 14er-Streifenbrett oder die Zifferkarten), mit dessen Hilfe es die Aufgabe lösen will.
- Die gefundenen Lösungszahlen werden in die Rechentürme (KV 52) eingetragen. Im Dach steht die gewählte Zahl (z. B. 14).
- **Hinweis:** Der höchste Rechenturm hat 19 Stockwerke. Für die Zahl 20 bestehen aber (einschließlich Tauschaufgaben, siehe KV 53) 21 Zerlegungsmöglichkeiten. An die Rechentürme können weitere Stockwerke geklebt werden.
- **Tipp:** Die fertigen Rechentürme können der Größe/Zahlenreihe nach (evtl. in Gruppen) geordnet und aufgeklebt werden. Sie können auch ausgeschnitten und zur jeweiligen Zahl in ein von den Kindern selbst gestaltetes Zahlenbuch geklebt werden.
- Im Anschluss an die Zerlegungsarbeit kann die Einspluseins-Tafel (KV 53) zur Kontrolle herangezogen werden, um festzustellen, welche Zerlegungsaufgaben zu einer Zahl gefunden wurden. Die Zahlentürme lassen sich mit ihrer Hilfe (systematisch) vervollständigen.

Weiterarbeit

- Mit der Einspluseins-Tafel können weitere Übungen durchgeführt werden, z. B.:
  - Stelle deinem Partner eine Aufgabe! Er zeigt dir das Ergebnis in der Tabelle.
  - Finde die Tauschaufgaben!
  - Finde die Verdoppelungsaufgaben!
  - Finde die Nachbaraufgaben!

Beispiel: Finde die Tauschaufgaben!

$4 + 5 = 9$

$5 + 4 = 9$

| Material | KV 50 | Material | KV 51 |

Streifenbrett

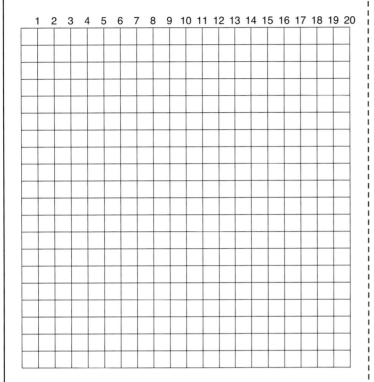

Zifferkarten

0	1	2
3	4	5
6	7	8
9	10	11
12	13	14
15	16	17
18	19	20

Rechenstreifen

Wir zerlegen Zahlen

Finde mit Hilfe von Schüttelkästen, Perlenketten, Nagelbrettern oder Zahlen Zerlegungsaufgaben!
Trage deine Lösungen hier ein!

Name: KV 53

Die Einspluseins-Tafel

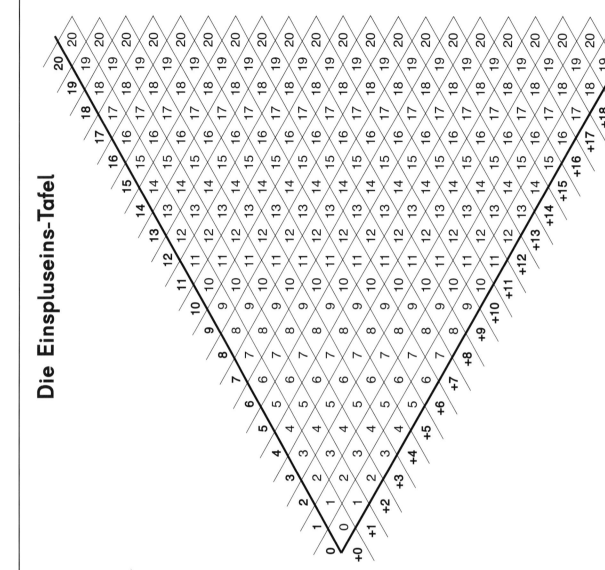

Schablone:

In dieser Ecke muss das Ergebnisfeld sein!

Lehrer-Info: Verwandte Aufgaben

Materialbedarf

- Bild von KV 54, S. 52 vergrößern und auf Folie ziehen oder als Tafelbild vorbereiten (Aufgabenkarten als Karten an die Tafel hängen).
- evtl. „Verwandte Aufgaben" (siehe rechts) als Karten für die Tafel herstellen
- Zwanzigerfeld (siehe rechts) als Tafelanschrift vorbereiten oder auf DIN A3 vergrößern und laminieren.
- evtl. farbige Stäbe für die Tafel (siehe Band 1, Bestell-Nr. 3279, S. 26)
- evtl. Hundertertafel auf Folie ziehen
- KV 54, S. 52 in Schülerzahl kopieren
- Aufgabenkarten fürs Kopfrechnen (siehe unten rechts) vergrößern, kopieren (evtl. laminieren) und zerschneiden; 1 Dose oder Schachtel

Hinführung

- **Stummer Impuls:** Bild von KV 54, S. 52
- **UG:** Was meint Flipp mit „verwandte Aufgaben"? – Die Kinder vermuten, suchen und finden die verwandten Aufgaben.
- Die verwandten Aufgaben werden ungeordnet an die Tafel gehängt. Die Kinder ordnen sie.
- **Zielangabe:** Wir rechnen verwandte Aufgaben

Erarbeitung

- Begriffliche Klärung: „Verwandte Aufgaben", „Große Aufgabe" und „Kleine Aufgabe": Die Zahlen an der Einerstelle sind bei der kleinen und großen Aufgabe gleich. Farbig markieren!
- Veranschaulichung beider Aufgaben am Zwanzigerfeld:

①	②	③	④	⑤	⑥	⑦	⑧	⑨	⑩
⑪	⑫	⑬	⑭	⑮	⑯	⑰	⑱	⑲	⑳

- evtl. Veranschaulichung beider Aufgaben mit Hilfe der farbigen Stäbe:
- Ausblick auf analoge Aufgaben im Hunderterraum (siehe KV 54, S. 52)

Weiterarbeit

- **Übung:** Verwandte Aufgaben mit Minus analog bearbeiten.

Kopfrechnen

- **Verwandte suchen:** Jedes Kind zieht eine Aufgabenkarte. Die Kinder verteilen sich im Raum, suchen ihren „Verwandten" und bleiben zusammen. Jeder rechnet laut seine Aufgabe.

Verwandte Aufgaben:

5 + 4	4 + 2
15 + 4	14 + 2

Zwanzigerfeld:

①	②	③	④	⑤	⑥	⑦	⑧	⑨	⑩
⑪	⑫	⑬	⑭	⑮	⑯	⑰	⑱	⑲	⑳

Aufgabenkarten:

1 + 3	3 + 4	2 + 6
11 + 3	13 + 4	12 + 6
1 + 9	7 + 2	4 + 5
11 + 9	17 + 2	14 + 5
0 + 3	8 + 2	2 + 2
10 + 3	18 + 2	12 + 2
3 + 5	6 + 3	5 + 2
13 + 5	16 + 3	15 + 2
7 + 1	4 + 0	1 + 9
17 + 1	14 + 0	11 + 9

Rechnen bis 20

Verwandte Aufgaben

Flipp und Flo haben beim Partnerrechnen folgende Aufgabenkarten gelöst:

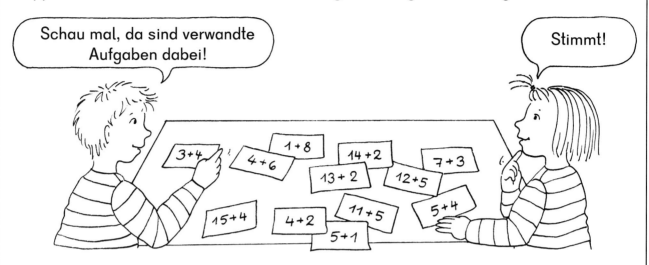

1. Zeichne die Lösung und rechne die verwandten Aufgaben!

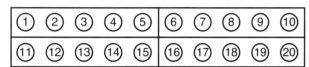

Kleine Aufgabe: 5 + 3 = ___
Große Aufgabe: 15 + 3 = ___

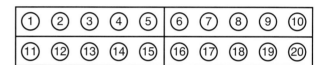

2 + 7 = ___
12 + 7 = ___

Kleine Aufgabe: 0 + 8 = ___
Große Aufgabe: 10 + 8 = ___

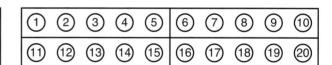

6 + 4 = ___
16 + 4 = ___

2. Löse die große Aufgabe mit Hilfe der kleinen Aufgabe!

| 1 | 2 | + | 5 | = |

| 1 | 4 | + | 3 | = |

Jetzt können wir schon bis 100 rechnen!

| 1 | 1 | + | 4 | = |

| 1 | 1 | + | 6 | = |

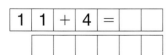

| 1 | 3 | + | 7 | = |

24 + 2
34 + 2
44 + 2
54 + 2
…

Wir rechnen geschickt

Flipp und Flo spielen „Die größere Zahl sticht":

1. Diese Würfel lassen sich geschickt zusammenzählen.
   Male die Würfel an, die besonders gut zusammenpassen!

   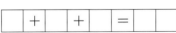      

2. Die 3 Zahlen lassen sich geschickt zusammenzählen.
   Umkreise die Zahlen, die besonders gut zusammenpassen!

   2 + 5 + 8 = ____   7 + 2 + 3 = ____

   4 + 5 + 6 = ____   8 + 7 + 2 = ____

   8 + 3 + 7 = ____   3 + 5 + 5 = ____

3. Augen auf! Rechne geschickt minus!
   Umkreise die Zahlen, die besonders gut zusammenpassen!

   14 − 5 − 4 = ____   17 − 2 − 7 = ____

   16 − 4 − 6 = ____   13 − 7 − 3 = ____

   18 − 3 − 8 = ____   15 − 6 − 5 = ____

Wir verdoppeln und halbieren

1. Lege verschiedene Gegenstände auf deinen Tisch und halte einen Spiegel daran! Zeichne und rechne in dein Heft!

2. Verdopple!

  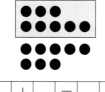 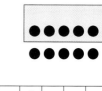

 | 3 | + | 3 | = | |

 | | + | | = | |

 | | + | | = | |

| | + | | = | |

3. Halbiere!

   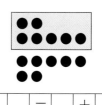

| 2 | 0 | = | 1 | 0 | + | |

| | | = | | + | |

| | | = | | + | |

| | | = | | + | |

Helfende Nachbarn

1. Finde eine Verdopplungsaufgabe, die dir weiterhilft!

   5 + 6 =
   5 + 5 + 1 =

   8 + 9 =

   8 + 7 =

   6 + 7 =

   7 + 8 =

   9 + 8 =

   1 0 + 9 =

   6 + 5 =

   7 + 6 =

2. Finde eine Halbierungsaufgabe, die dir weiterhilft!

   1 1 − 5 =
   1 0 − 5 + 1 =

   1 5 − 7 =

   1 7 − 9 =

   1 3 − 6 =

   1 9 − 9 =

   1 5 − 8 =

   1 7 − 8 =

   1 1 − 6 =

   1 3 − 7 =

Lehrer-Info: Der Zehnerübergang mit Plus

Materialbedarf

- Bildsituation zum „Finger-Wettkampf" (siehe unten rechts) vergrößern und auf Folie ziehen
- Tabelle von KV 58, S. 57 als Tafelanschrift vorbereiten
- Zwanzigerfelder (siehe unter „Erarbeitung") als Tafelanschrift vorbereiten oder vergrößern und für die Tafel kopieren
- KV 58, S. 57 evtl. für Kontrolle auf Folie ziehen
- KV 58, S. 57 in Schülerzahl kopieren
- evtl. „Schubi abacus", Rechenschiffchen ...
- pro Bank einen 20er-Würfel

Hinweis: Für diese Einheit ist Voraussetzung, dass die Kinder mit den Begriffen „gerade Zahlen" und „ungerade Zahlen" umgehen können!

Hinführung:

- **UG:** Flipp und Flo spielen Finger-Wettkampf (Bild). Sie haben ihre Zahlen in eine Tabelle geschrieben. Damit sie wissen, wer Sieger ist, müssen sie die Zahlen zusammenzählen.
- **Zielangabe:** Wir rechnen über die 10 mit +

Erarbeitung

- **UG:** Es gibt mehrere Möglichkeiten. Flo rechnet:

6 + 7 = ___
5 + 1 + 5 + 2 = 10 + 3 = ___

Dieser Rechenweg stützt sich auf die „Fünfer"-Struktur.

Flipp rechnet:

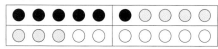

6 + 7 = ___
6 + 4 + 3 = 10 + 3 = ___

Hier wird die zweite Zahl für die übliche Zehnerergänzung zerlegt.

- Besprechen weiterer Lösungsmöglichkeiten (Wiederholung):

6 + 7 = ___   6 + 7 = ___
6 + 6 + 1 = ___   7 + 7 − 1 = ___

- Möglicherweise sind diese Veranschaulichungen für Linkshänder leichter.

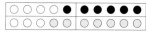 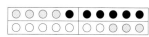

- Erarbeiten weiterer Beispiele oder differenzierte Einzelarbeit (evtl. mit Arbeitsmaterial, z. B. „Schubi abacus")

Weiterarbeit

- **Erstellen eigener Spieltabellen:** Die Kinder werden Rechnungen bis 10, Rechnungen von 10 bis 20 und zehnerüberschreitende Rechnungen in ihren Tabellen haben. Diese Rechnungen können auf Karten geschrieben und vor dem Rechnen an der Tafel geordnet werden:

bis 10	über 10	ab 10

- **Übung:** KV 60, S. 59 und KV 62, S. 60
- Zehnerübergang mit Minus analog bearbeiten (siehe Würfel-Wettkampf)
- **Übung:** KV 59, S. 58 und KV 61, S. 59
- **Übung:** KV 63 und KV 64, S. 61

Kopfrechnen

- **Finger-Wettkampf:** Flipp sammelt alle ungeraden Zahlen, Flo alle geraden. Beide verstecken ihre Hände hinter dem Rücken und zählen dann auf Drei. Bei Drei zeigen beide mit den Fingern eine Zahl. Dann zählen sie die beiden Zahlen zusammen. Ist das Ergebnis eine ungerade Zahl, so bekommt Flipp einen Punkt, ist es gerade, erhält Flo den Punkt.
- **Würfel-Wettkampf:** Flipp sammelt alle geraden Zahlen, Flo alle ungeraden. Jeder würfelt. Sie ziehen die Zahlen voneinander ab. Ist der Unterschied eine gerade Zahl, so bekommt Flipp einen Punkt, ist er ungerade, erhält Flo den Punkt.

Bild:

Wir rechnen über die 10 mit +

Flipp und Flo haben „Finger-Wettkampf" gespielt:

Flipp	7	9	5	7	8	9	4	7	8
Flo	6	3	8	4	6	5	8	9	8
Gesamt									

1. Zeichne und rechne! Trage die Ergebnisse in die Tabelle ein!

2. Umkreise die geraden Zahlen mit einer Farbe, die ungeraden mit einer anderen!

Flo sammelt die geraden Zahlen, Flipp die ungeraden. Wer hat mehr?

Sieger in diesem Spiel ist _____.

Name: _____ KV 59

Wir rechnen über die 10 mit –

Flipp und Flo haben „Würfel-Wettkampf" gespielt:

Flipp	13	9	15	7	9	16	14	17	6
Flo	8	15	7	11	12	8	6	9	13
Unterschied									

1. Zeichne und rechne! Trage die Ergebnisse in die Tabelle ein!

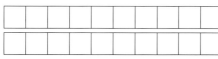

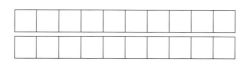

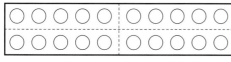

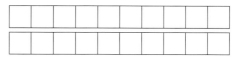

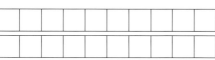

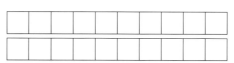

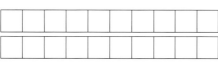

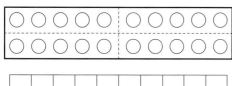

2. Umkreise die geraden Zahlen mit einer Farbe, die ungeraden mit einer anderen!

   Flipp sammelt die geraden Zahlen, Flo die ungeraden. Wer hat mehr?

   Sieger in diesem Spiel ist _____.

Name: _____ KV 60

Wir zählen zusammen

Zerlege und rechne!

8 + 3 = ___

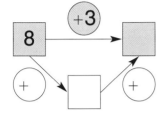

6 + 5 = ___

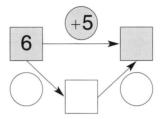

9 + 7 = ___

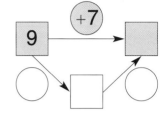

6 + 8 = ___

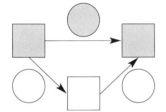

4 + 7 = ___

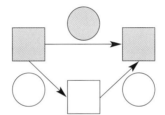

7 + 6 = ___

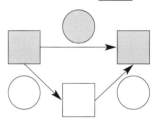

Name: _____ KV 61

Wir ziehen ab

Zerlege und rechne!

11 − 4 = ___

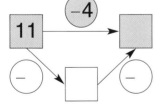

15 − 7 = ___

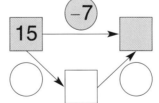

12 − 5 = ___

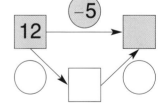

16 − 9 = ___

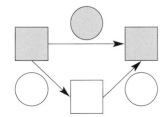

13 − 6 = ___

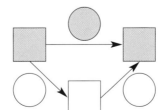

14 − 8 = ___

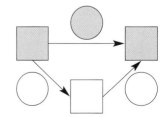

Name: _____ KV 62

Wir zählen zusammen

1. Rechendreiecke

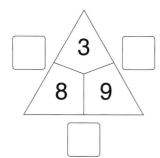 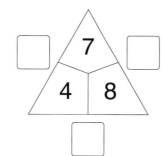 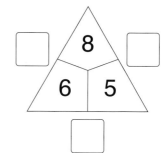

2. Rechenkreise

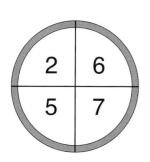 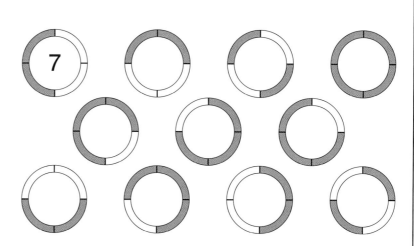

3. Setze die Zahlen [1] [2] [3] [4] [5] [6] [7] [8] so in die Kästchen ein, dass sie auf jeder Quadratseite die gleiche Summe ergeben!
Du darfst jede Zahl nur einmal verwenden!

Summe 13   Summe 12   Summe 15

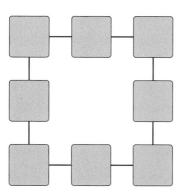 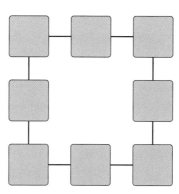 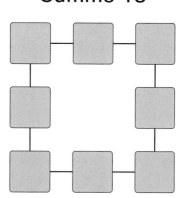

Schneide die Zifferkärtchen aus!
Du kannst mit ihnen die Lösung zuerst legen!

Name: _____ KV 63

Wir ziehen ab

1. Rechne!

−	4	6
11		
13		

−	9	5
17		
11		

−	8	6
12		
15		

−	7	9
16		
14		

2. Rechne!

−	3	7	4
10			
12			

−	5	3	8
13			
11			

−	7	9	10
18			
15			

- ✂

Name: _____ KV 64

Wir ziehen ab

1. Rechne!

−		
	5	0
10	5	

−		
	8	10
4	6	

−		
	9	11
5	7	

−		
	8	7
9	8	

2. Rechne!

−			
	2	5	1
12	15	11	

−			
	9	7	8
11	9	10	

−			
	8	9	10
7	8	9	

Zahlenrätsel

Ein Zauberer hat die Kinder in Tiere verwandelt. Wer seine Zauberzahl herausfindet, erhält seine menschliche Gestalt wieder.
Die Anfangsbuchstaben der Namen verraten, wie der Zauberer heißt.

- **N**orberts Zahl ist um 6 größer als 5 und 4 zusammen.
- **M**artins Zahl ist um 4 kleiner als das Doppelte von 7.
- **B**arbaras Zahl ist um 7 größer als die Hälfte von 12.
- **R**oberts Zahl ist das Doppelte von 3 und das Doppelte von 4 zusammen.
- **O**ttos Zahl ist um 2 kleiner als die Hälfte von 20.
- **S**usis Zahl ist das Doppelte von 3 und 5 zusammen.
- **D**aniels Zahl ist um 9 größer als die Hälfte von 16.
- **I**nges Zahl besteht aus zwei gleichen Ziffern.
- **E**rikas Zahl ist größer als 18 und kleiner als das Doppelte von 10.
- Bei **L**ores Zahl ist die Zehnerstelle halb so groß wie die Einerstelle.

	Igel	Käfer	Wurm	Ziege	Biene	Schaf	Spatz	Katze	Frosch	Hund
	16	11	12	13	19	14	10	8	15	17

Lösung: Silbermond

Wir ergänzen

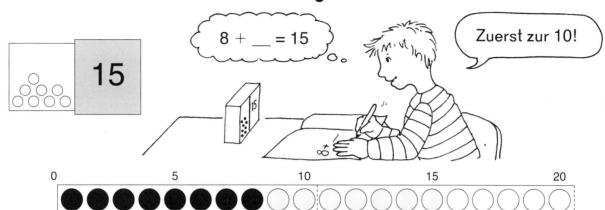

8 + __ = 15
8 + 2 + 5 = 15

1. Zeichne und ergänze!

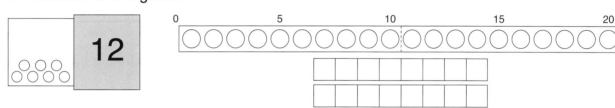

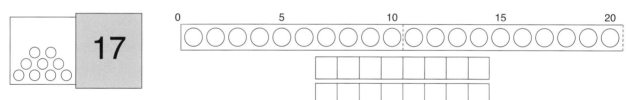

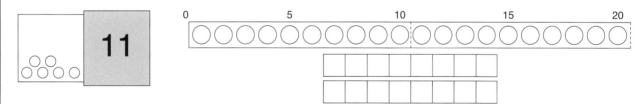

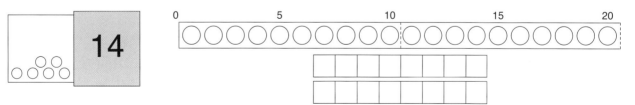

2. Ergänze!

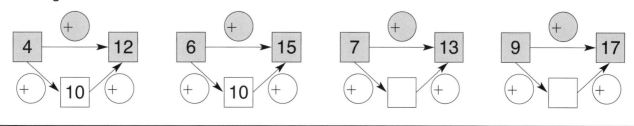

Wir vermindern

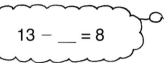
13 Murmeln waren im Sack.

Jetzt sind es nur noch 8.

$13 - \_\_ = 8$

$13 - \_\_ = 8$
$13 - 3 - 2 = 8$

1. Zeichne und vermindere!

 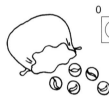 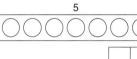

2. Vermindere!

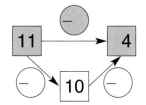 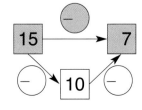 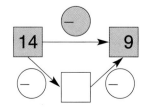 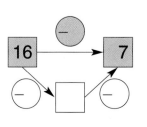

Zwei Häuschen – viele Aufgaben!

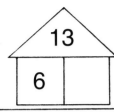

6 + __ = 13
13 − 6 = __
13 = 6 + __

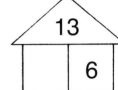

__ + 6 = 13
13 − __ = 6
13 = __ + 6

1. Finde die Aufgaben zu den Häuschen und rechne!

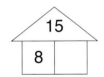 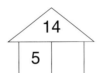

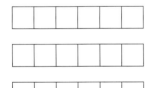 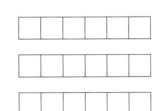 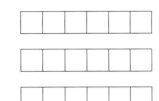 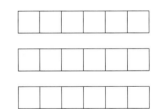

2. Schreibe zur Rechnung das passende Häuschen und löse die Aufgaben!

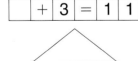 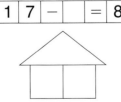  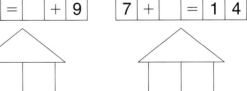

Rechenpyramiden

Ergänze die fehlenden Zahlen!

❶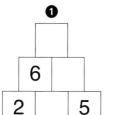
❷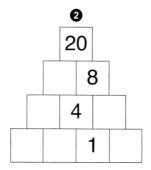
❸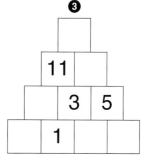
❹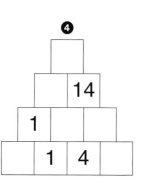
❺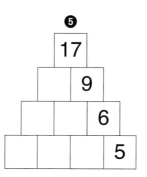
❻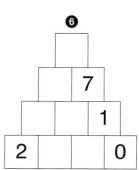

Rechenhöhlen

Ergänze die fehlenden Zahlen!

❶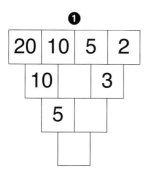
❷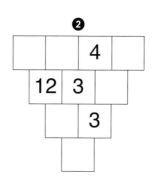
❸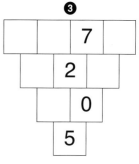
❹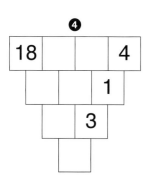
❺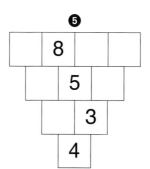
❻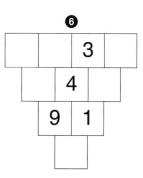

Wir ergänzen und vermindern

1. Rechne!

a)
−		
15	9	7
	6	

b)
−		4
		7
	6	9

c)
+		
		13
6	11	15

d)
+		7
		16
	10	14

2. Rechne!

a)
−		7
	12	10
13	4	

b)
−		7
	6	3
9	8	

c)
+		
8		12
11	14	9

Zauberquadrate

In jeder Zeile, jeder Spalte und den Diagonalen ergeben die Zahlen immer die gleiche Summe. Ergänze die fehlenden Zahlen!

Summe 12

2	4	
		1

Summe 18

	2	
	5	3

Summe 15

8		
		5
	9	

Wir vergleichen

5 + 2 ◯ 4 + ☐

1. Rechne und ergänze die fehlenden Zahlen!

a) 4 + 7 = __ + 5
9 + 4 = 8 + __
8 + __ = 7 + 7
__ + 9 = 10 + 8
6 + 6 = 3 + __

b) 12 − 4 = 15 − __
18 − 9 = __ − 7
14 − __ = 11 − 5
__ − 9 = 13 − 7
12 − 3 = __ − 7

c) 3 + 8 = __ − 9
17 − __ = 5 + 4
__ + 7 = 19 − 6
19 − __ = 9 + 2
6 + 3 = __ − 11

2. Finde passende Zahlen!

a) __ + 8 = 6 + __
5 + __ = __ + 7
11 + __ = __ + 9
__ + 4 = 3 + __
12 + __ = __ + 8

b) 12 − __ = __ − 6
__ − 8 = 14 − __
17 − __ = __ − 2
__ − 3 = 11 − __
19 − __ = __ − 5

c) 6 + __ = __ − 5
__ − 7 = 4 + __
8 + __ = __ − 3
__ − 9 = __ + 2
7 + __ = 20 − __

Name: _____ | KV 74

Wir ordnen Rechengeschichten
(dazu KV 75 und/oder KV 76)

1. Bei welcher Rechengeschichte musst du $\boxed{+}$ rechnen, bei welcher $\boxed{-}$? Ordne sie!

   $\boxed{+}$ Rechengeschichten

   $\boxed{-}$ Rechengeschichten

2. Markiere die Bilder/Wörter farbig, die dir sagen, ob du $\boxed{+}$ oder $\boxed{-}$ rechnen musst!

Rechne die Rechengeschichten in deinem Heft!

Sachbezogene Mathematik

Material für KV 74　　　　　　　　KV 75

Wir ordnen Rechengeschichten

Schneide die Bildstreifen aus und ordne sie richtig!

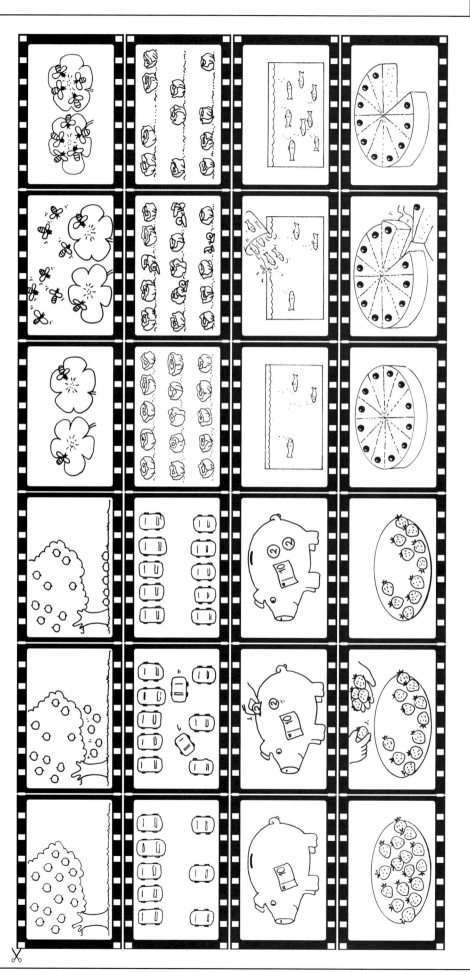

Material für KV 74

Wir ordnen Rechengeschichten

Schneide die Rechengeschichten aus und ordne sie richtig!

Auf dem Parkplatz stehen 7 Autos. Es kommen noch 6 Autos dazu.	Von 12 Kuchenstücken wurden 8 Stück gegessen.
In einem Haselnussstrauch sitzen 14 Spatzen. Die Hälfte fliegt weg.	Ralf hat schon 9 Rennautos. Vater bringt ihm von der Reise noch 2 mit.
Im Bahnhof stehen 12 Züge. 3 Züge fahren weg.	Julian hat 13 Sammelbilder von Fußballspielern. 4 schenkt er seinem Freund.
Im Bus sitzen 4 Kinder. Eines mehr als das Doppelte steigen ein.	Der Bauer hat 6 Hühner. Auf dem Viehmarkt kauft er noch 8 Hühner.
16 Äpfel hängen noch am Baum. Einer weniger als die Hälfte fallen herunter.	Susi spielt mit ihren 4 Geschwistern auf dem Spielplatz. 6 Freunde spielen mit.
12 Erdbeeren liegen auf dem Teller. 5 sind schlecht geworden.	Peter hat 5 € in der Spardose. Opa schenkt ihm doppelt so viel Geld.

Sachbezogene Mathematik

Wir malen oder schreiben Rechengeschichten

1. Sammle Wörter (siehe KV 74), die dir sagen, ob du $\boxed{+}$ oder $\boxed{-}$ rechnen musst!

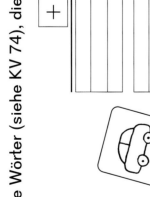

$+$	$-$

2. Male oder schreibe mit diesen Wörtern selbst Rechengeschichten! (dazu KV 78)
Die Bilder helfen dir!
Beispiel:
Du kannst malen …

Vorderseite — Rückseite

… oder schreiben …

Vorderseite — Rückseite

KV 77

72 — Sachbezogene Mathematik

© Auer Verlag GmbH

Material für KV 77

KV 78

1. Schreibe deine Rechengeschichte auf! (Vorlage passend für DIN-A5-Karteikarten)

2. Male deine Rechengeschichte auf!
   (Bis zu 4 Bildrahmen passen auf eine DIN-A5-Karteikarte.)

KV 79

Flipp und Flo im Tiererlebnispark

Ein Bild – viele Rechnungen! (dazu weiterführend auch KV 80 oder KV 81)

Name: _____ KV 80

Im Tiererlebnispark

1. Auf dem Taubenhaus sitzen 10 Tauben. Flo zählt 7 Tauben, die über den See fliegen.

2. Flipp sieht am Ufer 6 Frösche sitzen. Im Teich quaken 12 Frösche.

3. Auf der Wiese weiden 17 Ponys. 5 Ponys kommen zu Flo und lassen sich streicheln.

4. Im Tiererlebnispark gibt es 14 Lamas. Flipp entdeckt 4 junge Lamas.

5. Flo sieht auf der Wiese einen Esel. Als er später noch einmal vorbeikommt, sind es 8 Esel.

Sachbezogene Mathematik

Im Tiererlebnispark

1. Wie viele Tauben saßen auf dem Taubenhaus?

- Zuerst flog die Hälfte der Tauben davon.
- Dann flogen sieben weitere Tauben weg.
- Zwei Tauben sitzen noch auf dem Taubenhaus.

2. Wie viele Frösche saßen am Ufer?

- Zuerst hüpften vier Frösche ins Wasser.
- Danach hüpften doppelt so viele hinterher.
- Der Hund Bello vertrieb auch noch die letzten beiden vom Ufer.

3. Wie viele Ponys waren auf der Wiese?

- Ein Pony steht noch auf der Wiese.
- Die Hälfte aller Ponys ist im Stall.
- Auf vier Ponys reiten gerade Kinder.

4. Wie viele Lamas und Esel gibt es im Streichelzoo?

- Im Streichelzoo gibt es doppelt so viele Lamas wie Esel.
- Auf der Wiese laufen drei Lamas herum.
- Das sind halb so viele, wie es Esel gibt.

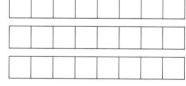

Lösung: 18 Tauben – 14 Frösche – 10 Ponys – 6 Esel – 12 Lamas

Name: _____ KV 82

Wir bezahlen

3,17 € bitte!

2,17 € bitte!

Das hat Flipp im Geldbeutel:

Das hat Flo im Geldbeutel:

Immer so viel wert wie 17 Cent!

Sachbezogene Mathematik

Name: _____ KV 83

Zu viel Kleingeld macht den Geldbeutel dick!

Wechsle so, dass du möglichst wenig Scheine und Münzen im Geldbeutel hast!

1.
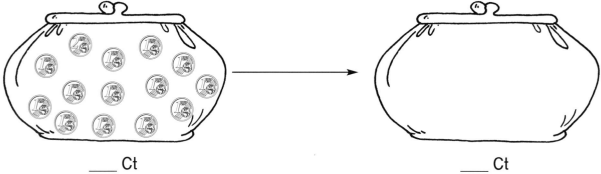
___ Ct   ___ Ct

2.
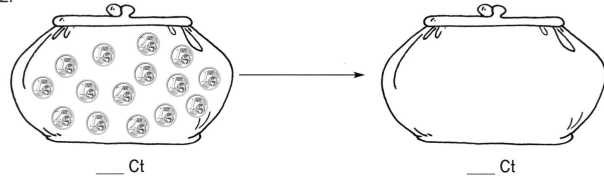
___ Ct   ___ Ct

3.
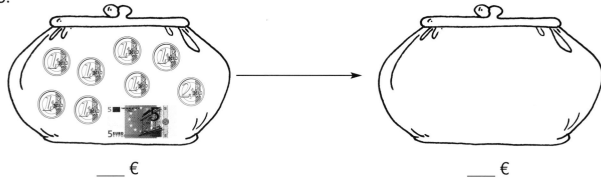
___ €   ___ €

4.
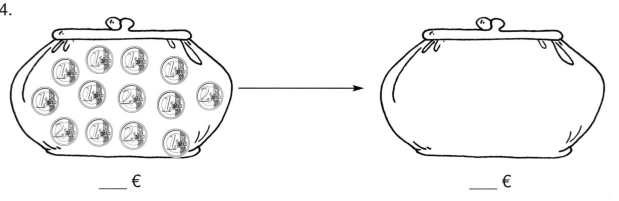
___ €   ___ €

Rechnen mit Geld

Flipp hat diese Münzen:

1 Ct 2 Ct 5 Ct 10 Ct

1. Flipp hat eine Münze ausgegeben. Wie viel kann er bezahlt haben?

   ___ Ct

2. Flipp hat zwei Münzen ausgegeben. Wie viel kann er bezahlt haben?

   ___ Ct

3. Flipp hat drei Münzen ausgegeben. Wie viel kann er bezahlt haben?

   ___ Ct

Lehrer-Info: Beim Elbseewirt

Materialbedarf

- Kassettenaufnahme oder Notizzettel des Gesprächs von Flipp und Flo (siehe KV 85, S. 81)
- KV 85, S. 81 auf Folie ziehen
- KV 85, S. 81 in Schülerzahl kopieren
- Rechenspielgeld (im Geldbeutel) in Schülerzahl; evtl. Spielzeug-Kasse
- Rechengeld als Haftmaterial für die Tafel
- Bestellblöcke in ausreichender Anzahl (wie in der Gastronomie üblich) und Zettel mit Nummern
- Bildmaterial von den Speisen und Getränken (siehe unten rechts) vergrößern, kopieren und laminieren
- 5 bis 8 Tabletts

Hinführung

- **Impuls:** Kassettenaufnahme des Gesprächs von Flipp und Flo abspielen oder Gesprächssituation durch zwei Kinder spielen lassen
- **UG:** Die Kinder erzählen von eigenen Erlebnissen und stellen Vermutungen zur gegebenen Situation an.
- Einsatz der Folie von KV 85
- Zielangabe: Beim Elbseewirt

Erarbeitung

- Jedes Kind erhält KV 85: Die Informationstafeln (für Speisen und Getränke), insbesondere die Abkürzungen, werden genau besprochen.
- Nachspielen der Situation: Ein Kind übernimmt die Rolle von Flo, ein anderes die Rolle von Flipp, eines spielt die Rolle an der Kasse, eines die Rolle an der Speisen- und Getränkeausgabe.
- Die Bestellung wird an der „Kasse" aufgenommen, auf einen Bestellblock geschrieben und an die „Küche" weitergegeben. Sie wird vom Lehrer außerdem an die Tafel geschrieben. Nun werden die Preise notiert (auch an der Tafel) und (untereinander) zusammengezählt (z. B. 17 €).
- Bei der Bezahlung ergeben sich diese Möglichkeiten (an der Tafel mit Rechengeld legen): Die „Kunden" zahlen passen an der „Kasse" oder sie legen einen höheren Betrag (z. B. 20 €) und bekommen Rückgeld.
- Die Kunden erhalten nun eine Nummer, die sie bei der Speisen- und Getränkeausgabe vorlegen müssen, um das Gewünschte zu bekommen (Tablett mit Bildern).
- Mehrmaliges beispielhaftes Nachspielen der Sachsituation.
- Nachspielen der Sachsituation in Kleingruppen.

Weiterarbeit

- Vorgegebener Betrag im Geldbeutel: Was kann man sich dafür kaufen?
- Rechnungsbetrag der Kasse vorgeben: Welche Speisen und Getränke könnten dafür gekauft worden sein?
- Notieren von Rechengeschichten (Kartei).

Bildmaterial:

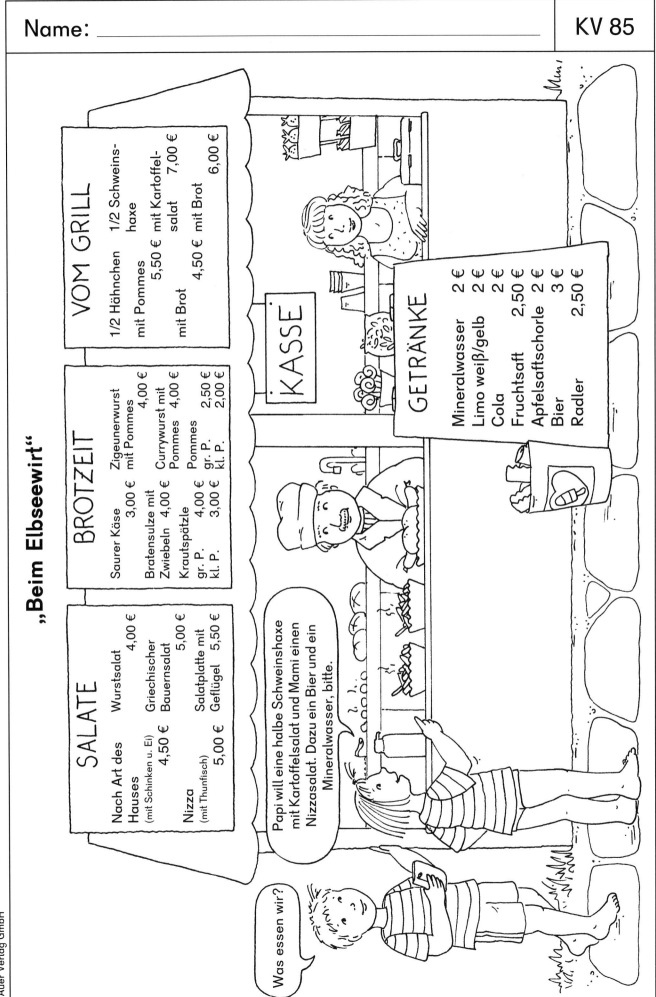

Was dauert in etwa …?

Schneide aus, ordne nach der Zeitdauer und klebe ein! (dazu KV 87)

1 Sekunde

1 Minute

1 Stunde

Material für KV 86

KV 87

Schneide aus, ordne und klebe ein!

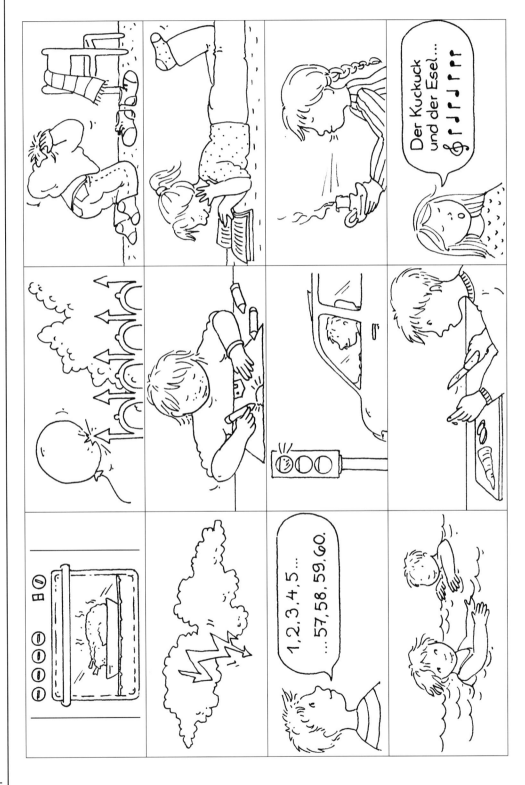

Sachbezogene Mathematik

Die Uhrzeiten

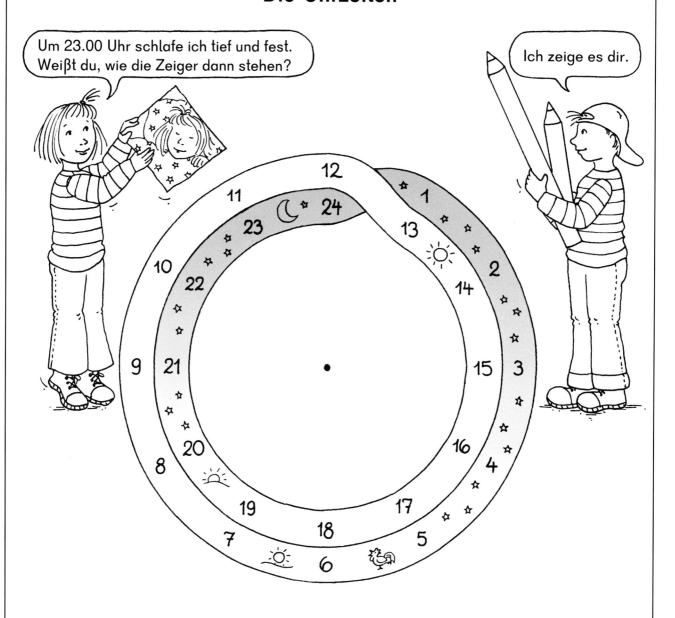

Wie stehen die Zeiger, wenn du z. B. aufwachst?
Zeige es! Flipp gibt dir einen Tipp.

Klebe folgende Bilder zur passenden Uhrzeit! Zeichne selbst ein Bild!

Kennst du die Uhr?

1. Wie spät ist es?

3.00 Uhr
oder
15.00 Uhr

_____ oder _____

_____ oder _____

_____ oder _____

_____ oder _____

_____ oder _____

_____ oder _____

_____ oder _____

2. Zeichne die Zeiger ein!

02:00   17:00   22:00   06:00

20:00   03:00   24:00   09:00

11:00   07:00   13:00   04:00

21:00   16:00   18:00   12:00

Was kommt wann?

Flipp und Flo haben sich im Fernsehprogramm die Sendungen herausgesucht, die sie am Wochenende anschauen möchten:

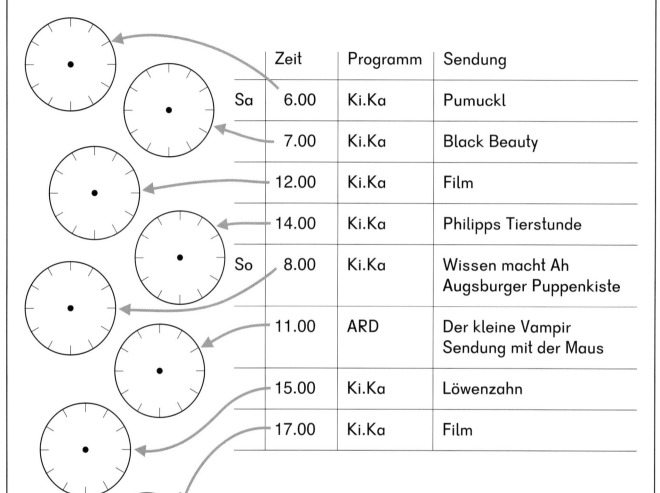

	Zeit	Programm	Sendung
Sa	6.00	Ki.Ka	Pumuckl
	7.00	Ki.Ka	Black Beauty
	12.00	Ki.Ka	Film
	14.00	Ki.Ka	Philipps Tierstunde
So	8.00	Ki.Ka	Wissen macht Ah Augsburger Puppenkiste
	11.00	ARD	Der kleine Vampir Sendung mit der Maus
	15.00	Ki.Ka	Löwenzahn
	17.00	Ki.Ka	Film

Zeichne in jede Uhr die Zeiger entsprechend der Anfangszeit für die Fernsehsendung ein!

Eine Woche mit Flipp und Flo
(dazu KV 92)

Mai

Mi	Do	Fr	Sa	So	Mo	Di	Mi	Do	Fr	Sa	So	Mo	Di	Mi	Do	Fr	Sa	So	Mo	Di	Mi	Do	Fr	Sa	So	Mo	Di	Mi	Do	Fr
1	2	3	4	5	6	7	8	9	10	11	12	13	14	15	16	17	18	19	20	21	22	23	24	25	26	27	28	29	30	31

Eine Woche mit Flipp und Flo
(zu KV 91)

Trage die Uhrzeit ein! Wie lange dauert es?

	Beginn		**Ende**		**Dauer**
	_____ Uhr		_____ Uhr		_____ Stunde/n
	_____ Uhr		_____ Uhr		_____ Stunde/n
	_____ Uhr		_____ Uhr		_____ Stunde/n
	_____ Uhr		_____ Uhr		_____ Stunde/n
	_____ Uhr		_____ Uhr		_____ Stunde/n
	_____ Uhr		_____ Uhr		_____ Stunde/n
	_____ Uhr		_____ Uhr		_____ Stunde/n
	_____ Uhr		_____ Uhr		_____ Stunde/n
	_____ Uhr		_____ Uhr		_____ Stunde/n
	_____ Uhr		_____ Uhr		_____ Stunde/n
	_____ Uhr		_____ Uhr		_____ Stunde/n